高校学生管理工作创新与实践

王禄佳　王培培◎著

吉林出版集团股份有限公司
全国百佳图书出版单位

图书在版编目（CIP）数据

高校学生管理工作创新与实践 / 王禄佳，王培培著．—
长春：吉林出版集团股份有限公司，2024.3
ISBN 978-7-5731-3917-7

Ⅰ．①高… Ⅱ．①王… ②王… Ⅲ．①高等学校–学生–学校管理–研究 Ⅳ．① G645.5

中国国家版本馆 CIP 数据核字 (2023) 第 128707 号

高校学生管理工作创新与实践
GAOXIAO XUESHENG GUANLI GONGZUO CHUANGXIN YU SHIJIAN

著　　者　王禄佳　王培培
责任编辑　沈　航
封面设计　李　伟
开　　本　710mm × 1000mm　　　1/16
字　　数　194 千
印　　张　11
版　　次　2024 年 3 月第 1 版
印　　次　2024 年 3 月第 1 次印刷
印　　刷　天津和萱印刷有限公司

出　　版　吉林出版集团股份有限公司
发　　行　吉林出版集团股份有限公司
地　　址　吉林省长春市福祉大路 5788 号
邮　　编　130000
电　　话　0431-81629968
邮　　箱　11915286@qq.com
书　　号　ISBN 978-7-5731-3917-7
定　　价　72.00 元

作者简介

王禄佳　男，汉族，1983 年 1 月生，山东省胶州市人，毕业于上海体育学院，硕士研究生学历，体育教育训练学专业。现任教于常州大学，副教授，研究方向为学生思想政治教育。先后主持各类科研项目 7 项，其中主持完成江苏省教育科学规划课题 1 项、江苏高校哲学社会科学研究项目 1 项、江苏省学校共青团研究课题 1 项；主持完成学校理论与实践研究会等校级课题 4 项，第一作者发表学术论文 9 篇。

王培培　女，1981 年 9 月出生，河北省石家庄市人，毕业于山东交通学院，本科学历，现任河北交通职业技术学院讲师，心理咨询师。研究方向：高校思想政治教育和学生管理。主持并完成河北省社会科学联合会项目 1 项，发表论文数篇。

前 言

百年大计，教育为本。为了实现中华民族伟大复兴的宏伟目标，必须坚定不移地贯彻科教兴国和人才强国的战略，把教育放在现代化建设的最先发展地位，由此推动国家的全面发展。“谁掌握了面向21世纪的教育，谁就能在21世纪的国际竞争中处于战略主动地位。”高等教育是知识创新体系的关键和基石。为了守住国家整体利益和21世纪中华民族的前途命运，中央发布了一项重大决策，那就是建设多所世界一流大学和一批高水平大学，这是一项至关重要的战略抉择。高等教育大众化时代早已到来，高校扩招也势在必行，怎样加强大学生管理工作已成为一个十分紧急的课题。高水平大学是为培养具备创新思维和实践能力的高级人才而设立的主要场所，而科学规范的学生管理是实现这一目标的重要基础。自从改革开放以来，我国高等教育发展势头迅猛，已成为社会主义现代化建设重要的组成部分。近年来，教育改革取得了很大的成果，国民的受教育水平逐步提高。高等教育进入大众化阶段以来，特别是实施科教兴国战略以后，全国高等学校招生规模不断扩大，毕业生人数不断增多，高等教育质量有了很大提高。随着社会经济结构的变化及高等教育体制改革的不断深化，高等学校办学自主权逐步扩大，学校面向社会自主招生、自主择业的机制初步建立，为适应市场经济需要和提高人才培养质量打下了坚实的基础。还有，随着高校不断扩大招生规模，学生数量迅速攀升，新生素质的组成也变得越来越复杂，这使得高校学生的日常管理和思想政治教育的工作量相应增加。同时，市场经济的发展，高校体制改革、收费制度的施行、就业方式的转变、学分制的施行等给高校学生的思想观念、价值取向带来了影响。所有这些新情况都迫切要求高校学生管理者总结经验，探索适应不同类型高校的学生管理方式和模式。

本书第一章为高校学生管理概述，主要讲述了高校学生管理的内涵和高校学生管理的目标及原则；第二章为高校学生管理体系构建与队伍建设，主要讲述了高校学生管理体系构建的意义及思考、高校学生管理的队伍建设和高校学生管理工作者素质研究三部分内容；第三章为高校学生管理工作的探索创新，主要讲述了高校学生管理理念的探索创新、高校学生管理制度的探索创新和高校学生管理模式的探索创新三部分内容；第四章为“互联网+”时代环境下高校学生管理工作的创新实践，主要讲述了“互联网+”时代环境下高校学生管理工作的创新必要性研究、“互联网+”时代环境下高校学生管理工作的创新路径研究和“互联网+”时代环境下高校学生思想政治教育研究三部分内容；第五章为新媒体环境下高校学生管理工作的创新实践，主要讲述了新媒体环境下高校学生心理管理工作的创新实践和新媒体环境下高校学生创新创业管理工作的创新实践两部分内容。

王禄佳负责撰写第一章至第三章，王培培负责撰写第四章至第五章。在撰写本书的过程中，作者得到了许多专家、学者的帮助和指导，参考了大量的学术文献，在此表示真诚的感谢！

由于作者水平有限，加之时间仓促，本书难免存在一些疏漏，在此，恳请同行、专家和读者朋友批评指正！

目录

第一章　高校学生管理概述

本章主要讲述的是高校学生管理概述，从以下三个方面进行具体论述：高校学生管理的内涵、高校学生管理的目标及原则和高校学生管理的现状。

第一节　高校学生管理的内涵

一、学生管理概念的界定

在法国管理学家亨利·法约尔看来，现代管理学是一个有着计划、组织、协调和控制多个方面的综合性、系统性工程。它有着企业经营管理、经济分析等组成内容，并根据它独特的措施来达到提高劳动生产率、减少物质消耗以及提升劳动条件的目标。多年的实际操作和研究表明，该管理学的理念和看法在本质上是正确的，同时也是诠释管理学概念的基础。现在，现代管理所涉及的各种概念已经超过了10种。

当前，“学生管理工作”这一概念在许多学术论文和文献中开始进行大量应用，但是，对于其定义的权威描述和诠释仍未形成。同时，国内多部专注于高等教育管理的著作也未对其进行系统描述。

本书从管理学的角度出发，认为高校学生管理工作就是围绕着学校培养什么样人以及怎样培养人才这个中心展开工作的过程。在大量的学术文献和期刊资料中，西南大学公共管理学院胡志宏详细叙述了学生管理工作的内涵，指出该工作是一系列有针对性、有计划、有目的、有组织的教育管理活动，包含了学生的生活、学习、思想、品德和素养等多个方面。

学生管理是教学管理的早期延伸，包含了学生学籍管理、报到入学、身份注册、成绩考核与记录、学籍异动、考勤与在校纪律管理，以及在校期间的奖励与处分等多个方面。

在社会经济发展水平不断提高的背景下，高等教育事业得到了快速发展，在这一过程中，对高校学生管理工作提出更高的要求。在20世纪80年代后期，我国的高等教育机构普遍成立了特别负责学生管理的部门，因此，之前涉及的招生、考勤、思想教育、奖惩、毕业生就业以及与学生生活息息相关的宿舍管理等事务，均被整合至学生管理部门（或被称为学生处）的职责范围内。20 世纪 90 年代初，教育委员会第一次将“学生管理”作为《普通高等学校学生管理规定》这份文件的关键词，并且指出“本规定所称的学生管理是指对学生入学到毕业在校阶段的管理，是对高等学校学生学习、生活、行为的规范”。从此，关于高校学生管理工作的概念被正式引入高等教育领域，并成为高等教育工作者研究的热点课题。在我国高校学生管理工作中所提及的“学生管理”指的是对学生的日常行为进行规范和纪律管理，以保证其行为符合相关标准。在社会进步、经济发展的背景下，人们越来越重视学生的教育与管理问题，尤其是高校的学生工作已成为一个独立学科或专业，这就要求我们必须加强高校学生管理工作。学生事务管理是运用规范、引导和服务学生的手段，加快学生全面成长的组织活动。

学生管理分为广义的学生管理和狭义的学生管理。学生管理是一项广泛的任务，包含了学生思想政治教育、日常行为管理、学生成长管理以及学生管理工作等多个方面，是为了给学生提供全方位的支持和指导。在狭义的视角下，学生管理更偏重于学生日常事务的管理，包括但不限于班级建设与管理、新生入学管理、安全指导与管理以及学生职业规划管理等。在高等教育事业快速发展的背景下，我国教育水平不断提高，大学生人数每年都在增加。在高校管理中，学生管理是一项不可或缺的任务，其管理质量直接影响到高校的发展和改革，塑造高校在社会中的形象，以及培养出的人才对社会作出的贡献能力等多方面。因此，高等院校承担着时代带给我们的责任和义务，一定要整体加强对学生的管理，以保证他们的成长和发展。

根据《普通高等学校学生管理规定》，学生管理是一种以人才培养为主要目标的管理行为，在国家教育管理制度和教育方针的指导下，不断提升教学质量。

高校作为培育人的地方，其工作性质选择了学生管理工作具有一定特殊性。为了更好地提升当代高校学生健康成才的水平，学校应该进一步规范管理行为、加强全面管理、不断创新管理手段和方法，以提高管理质量和水平。

二、高校学生管理的含义

高等教育机构的学生管理是很重要的组成部分，是在具体的思想理论指导下，通过长期实践和逐步形成的一种实践方法和思维模式，以推动各项学生工作的进行。现在，我国关于高校学生管理研究主要集中于大学生事务领域。蔡国春界定“高校学生管理”为一种组织活动形式，通过课外活动或其他非学术事务管理活动，对学生进行引导性教育教学，从而丰富校园生活。高校学生管理工作是高等教育系统中非常重要的一环。一些学者和专家认为，高校学生管理工作是指高校对学生在校期间的活动和学习进行规范、协调、规划、组织和管理的综合体，由高校学生管理工作者组织指导学生，按照各院校制定的标准，有计划、有组织、有目的地进行学生思想教育、日常生活管理以及师生服务等工作，最终实现学生德、智、体、美、劳等全方位的发展，成为中国特色社会主义现代化事业的建设者和接班人。随着社会经济的不断发展和高等教育改革的不断深入，我国高校学生管理工作也在不断完善与创新，并取得了一定成效。学生管理工作并非一项单一的职责，而是一项涵盖学生管理各个方面的综合性工程。简而言之，其核心是以学生思想政治教育为主导，以学生学习为核心，注重学生学风和课堂氛围建设，把党的工作作为推动各项工作发展的中心线。特别是在学校党委的领导下，通过组织和协调各种力量，开展德育工作，促进学生的全面和谐成长，涵盖了学生的思想政治教育、日常行为规范、日常学习、心理咨询和就业指导等各个方面。

大学是塑造学生思想观念和人生规划的重要场所，也是学生学习和成长的场所。因此，大学应重点加强学生的领导工作，通过德、智、体、美、劳的全面发展，为培养高素质人才奠定坚实基础。只有以学生为中心的管理理念，才能协调各方关系，更好地促进学生的整体协调发展。大学生管理必须尊重以学生为中心的理念，在充分尊重学生的前提下提供更好的服务和支持，促进学生的全面发展和学习。为了培养创新型大学生，我们需要深入了解他们的思想，了解他们的性格，理解他们的情绪，尊重他们的想法，不断发现他们的潜力，能够及时解决学生的各种问题，为学生创造良好的环境。为了最大限度地发挥学生自我管理的积极性，在学生管理工作中必须充分发挥主观能动性，促进自我管理和相互学习。

我们的目标是让学生能够享有基本权利，同时获得对大学管理者的理解和尊重。因此，为了做好大学生管理工作，有必要把学生放在首位。大学生管理人员应以学生为中心，真正关注每个学生的个体差异，以及他们在学习和生活中面临的困难、心理状态，尊重思想观念的多样性，认真对待建议，从根本上解决他们在生活和心理上面临的实际问题。学生是学校发展最重要的资源之一，因此，维护学生的独立性应该是大学管理工作的核心目标。我们需要建立和完善现行的大学生管理制度，不断更新学生管理理念，创造一个愉快的校园环境，为学生提供一个自我管理和自我教育的平台。

我们必须强调，尊重学生并不意味着他们可以随意发展。在校期间违法、违纪的学生，我们需要及时采取纠正措施，对他们的虚假言行进行批评教育。同时，要加强学生的思想道德构建，帮助他们树立正确的世界观、人生观和价值观，培养高尚的道德情感，形成良好的道德品质，提高自身素质水平。为了确保大学生有坚强的政治立场，与党中央有高度的思想一致性，我们必须从思想的角度关注他们，以增强他们始终跟党走的决心和信心。为了提高他们的学习热情和自我规划能力，应该通过思想指导和职业培训，帮助他们制定长期的学习目标。为了让大学生感受到学校的温暖，学校不仅要在日常生活中提供照顾，还要试图为他们创造一个良好的学习环境，让他们享受国家为他们制定的各种优惠政策。只有把这些工作做好，我们才能为大学生提供良好的氛围，培养出优秀的人才。大学生管理者应始终关注学生的发展需求，积极鼓励学生参加各种活动，为他们提供不同的平台，营造良好的校园文化氛围。同时，教师还应帮助学生克服自卑、自闭等消极心理，建立自信，形成正确的价值观。通过不断地自我完善和提高，学生可以在思维、学习和生活中打下坚实的基础，提高自己，从而实现自己的目标，实现全面发展。

作为一所大学，真正为学生服务至关重要。同时，大学在学生成长和学习过程中发挥着重要的服务作用。随着高等教育改革的深化，中国高等教育学生的数量不断增长，已成为社会发展的重要组成部分。因此，做好高校学生管理工作尤为重要。与此同时，我们必须认识到，管理不仅仅是提供服务，也要不断发展和提高能力。随着我国高等教育体制改革的不断深化，高等教育学生群体呈现分化趋势，不同层次的学生展现出独特的人格特质。大学生管理者应努力尊重个体差异，搭建校园文化平台，营造良好的学习氛围。从学生的真实生活和学习需求出发，全面关注学生生活和学习的方方面面，在实践中落实各项管理措施，有效服务学生，为学生做实事，为学生的生活和学习提供更多帮助。

我们应该以学生为中心，从管理艺术的角度逐步创造一个公平、公正的竞争环境。我们不仅要专注于管理日常行为，还要妥善处理与学生的关系。学生工作是一项长期而艰巨的任务，要求管理者在强调人文关怀的同时，具备丰富的知识、技能和一定的心理适应性。只有以学生为导向的大学生管理，才能真正关注学生的需求和兴趣，为他们提供更好的帮助和指导，激励和促进他们的全面发展。学生是学校教育的主体，是一个独立、完整、有思想、有情感、有个性的个体。管理者的适当指导和鼓励对学生的健康成长和发展至关重要。有时，增加理解和关心胜过指责和说教。同时，有必要通过各种方式培养大学生的健康人格，提高他们的自主性和自我意识，创造正确的世界观、人生观和价值观。加强对高校学生的整体管理，注重培养学生的整体素质，为他们提供一个展示自我的平台，提高他们的主动性，鼓励他们自愿完成学校制定的各项任务，促进他们发挥创造力，提高他们的积极性，赋予他们强烈的责任感，从而实现学生士气、智力、体能的全面发展，成为国家和社会需要的人才。因此，在对大学生的管理中，我们不仅要关注他们的学业，还要关注他们的健康人格。

三、高校学生管理的相关理论

（一）激励理论

在不断的研究和实践过程中，现代激励理论已经从激励内容演变为激励手段和方法，并取得了重大进展。基于过程的动机理论是一种新型动机的一部分。基于过程的动机理论侧重于研究从动机产生到人类心理过程的整个过程。它主要由三种基本类型组成：期望理论、正义理论和目标管理理论。

从上述模式可以推断，一旦行为目标得到确认，就会触发一种行为动机。但是，如果行为目标太容易实现，就会产生一定的激励作用；相反，如果行为目标过高，产生的激励效果会大大减弱，也会对个人动机产生一定影响。因此，行为动机的目的是增加他们的期望值。

（二）人本管理论

随着时间的推移，人们越来越重视公司的人力资源。我国一些大型国有企业也开始重视人力资源管理，并将人文思想纳入其管理模式，有效地保障了企业的发展。根据美国社会心理学家马斯洛的早期需求理论，企业文化、管理和人力资源管理之间可以有智能的联系和协调，以提高员工的积极性，实现员工的最大价值。我国管理学家陈怡安曾经把人本管理归纳为三句话：点亮人性的光辉，回归生命的价值，共创繁荣和幸福。①

在促进大学生信息传播方面，有必要引导以人为本的理念。学校要树立“以人为本”的理念，积极营造民主、自由、平等、有效的教育环境，制定并实施适当的管理政策和措施。同时，要建立科学有效的管理机制，使其能够充分履行使命，真正实现学生工作的科学化、规范化。在促进学生管理的电脑化过程中，应将学生视为学校管理的核心，强调以学生为中心的方法，特别关注学生作为年轻人的特点，充分尊重他们的兴趣和爱好，最大限度地满足他们的各种合理需求，从根本上保障学生的基本权益，积极鼓励学生发展自身素质，为学生提供有效的服务。

（三）目标管理理论

自 20 世纪 50 年代以来，美国的管理学家提出了目标管理理论，在当时的学术界引起了广泛的关注和研究。加强高校学生管理的计算机化建设，不仅有助于提高学生管理的效率，而且可以实现以人为本的管理。目标管理理

① 赵敏. 学校管理学 [M]. 广州：广东高等教育出版社，2017.

论的内容涵盖了三个主要方面，以下是对它们的简要分析：

1. 更加强调成果导向的管理策略

基于管理的结果，开发了一种学生评价方法。为了提高教师的积极性和教学质量，教育改革需要建立科学有效的绩效评估机制来激励教师，从而提高学校的教育水平。提高大学的管理水平和评价价值，直接取决于管理的质量和有效性。

2. 更加强调目标管理体系的构建和分层管理

管理作为整个管理体系的中心，提供全面的管理和监督。将高等学校的总体管理目标划分为几个小目标，通过对各部门目标的详细分解和管理，为每个人制定部门具体目标，实现分级管理，确保管理目标的顺利实施。

3. 更加强调对个体的有效管理，充分认识到个体对管理的影响

在目标管理中，重点是学生的自我管理，强调学生的参与和民主。因此，目标管理理论也是一种基于民主的管理理念。在当前高校的学生管理工作中，应用目标管理理论可以更好地贯彻以人为本的科学发展观，将学生作为教学和教育管理的核心和课题，实现更有效的管理和指导。应在不同层次的高等教育学生中实施有针对性的管理和培训，以实现培养高等教育学生整体素质的目标。通过分级管理可以提高大学管理的质量和效率，鼓励学生积极参与和实现大学管理目标。此外，它还可以有效地培养高等教育学生之间的责任感和合作意识。因此，目标管理理论在当前大学管理理论中发挥着至关重要的作用。

第二节　高校学生管理的目标及原则

一、高校学生管理的目标

高等教育机构学生管理的目的是培养高质量和适应社会的人才，其主要目标是提高学生的综合素养。

（一）思想政治素质

高校学生必须具备正确的政治立场和坚定的理想信念，同时还需要培养高尚的品德，这是不可或缺的。在新形势下，如何做好大学生工作呢？自觉践行党的路线、方针、政策，不断深入学习党的理论知识和重要思想，始终坚持正确的政治立场，自觉跟随党的步伐前进。

（二）科学文化素质

科学文化素质要求高校学生拥有全面丰富的知识结构和扎实的理论基础。提高科学文化素质，要求高校学生努力学习科学文化知识，掌握正确的学习方法，养成良好的学习习惯，学会用理论指导实践，全面提高自身素质。同时，要树立终身学习的观念，在实践中寻找不足，以学习来弥补不足。

（三）身心素质

身心素质要求高校学生拥有强健的身体和健康的心理。通过积极参加体育锻炼、文体活动，强健体魄，提高身体素质；通过有效的自我调控、自我管理和自我调适，塑造健全的人格；通过积极参与社会实践，拥有优秀的个性特质和适应环境的能力，同时提升高校学生的身心健康水平，以便更好地为社会提供服务。

（四）创新素养的培养

高校学生需要具备科学的思维模式和将理论知识应用于实践的能力，以适应当今社会的发展需求。因此，高校教育教学工作中必须重视学生创造性思维能力的培养。高等院校的学生需要通过学习和积累理论知识，运用科学的思维，以辩证、全面的方式对事物进行分析和鉴别。在面对不断变化的环境时，高校学生需要具备卓越的创新和实践能力，敢于挑战自我，不断拓展自身的综合素质，以提高创新能力为目标。

二、高校学生管理应遵循的原则

为了提升学生管理工作的水平并实现有效的管理，学生管理工作者在日常管理中应当遵循一系列准则。

（一）实践导向的原则

高校学生管理工作必须以实际情况为基础，全面考虑学校和学生的双重因素，以确保工作的有效性和可持续性。因此，在高校学生管理工作中，应结合学生特点，制定合理有效的学生管理策略，并将其运用到实践当中。通过深入了解高校和学生的实际情况，建立完善的组织架构，明确各机构的职能，确立学生管理目标，并同时研究适合高校自身的学生管理模式。只有这样才能真正提高高校学生管理水平。为了更有针对性地开展学生工作，必须从实际情况出发，实施有效的管理。

（二）确立制度化的准则

为了确保高校学生管理的有效性，学生管理工作者必须根据国家法律规定，并结合高校的实际情况，制定一系列规章制度，确保学生管理工作的顺利进行。制度建设既是学校发展进步的保障，又是实现教育目标的基础条件；既是规范化管理和提高管理效率的必然要求，又是将管理过程制度化的必要措施。高校学生管理工作的科学性和有效性，必须建立在制度化管理的基础上，只有这样才能确保管理工作的有序推进。

（三）以服务为导向的原则

高校学生管理工作应当秉持以学生为中心的理念，以提供优质服务为出发点和落脚点，从而实现服务育人的目标。这就要求我们牢固树立“以人为本”“全面发展”“个性教育”等观念，并运用科学的方法开展工作，这样才能真正实现服务育人的目标。若要在学生的日常管理中贯彻服务性原则，必须以学生的根本利益和切身需求为出发点，将学生视为学生管理工作的核心，全心全意为学生服务。同时也应注意发挥辅导员在思想教育方面的优势，帮助他们树立正确的世界观、人生观和价值观。因此，在实践中，我们必须始终坚持以服务为导向的原则，通过提供优质的服务来实现管理目标。

第二章　高校学生管理体系构建与队伍建设

本章讲述的是高校学生管理体系构建与队伍建设，主要将从以下三个方面进行具体论述：高校学生管理体系构建的意义及思考、高校学生管理的队伍建设和高校学生管理工作者素质研究。

第一节　高校学生管理体系构建的意义及思考

一、高校学生管理体系构建的意义

（一）构建高校学生管理新体系的必要性

伴随着国际交流的日趋频繁，经济全球化成为主流趋势，我国不可避免地卷入了国际化浪潮中。

为了应对国际市场的挑战，我国确立了大力发展经济的基本国策，并逐步建立了社会主义市场经济体制。

1. 构建高校学生管理新体系是经济社会快速发展的必然要求

随着社会经济的发展，为了满足人们日益增长的物质文化和精神文化需求，我国确立了改革开放和经济建设的方针政策，结合我国社会主义基本制度，建立社会主义市场经济，同时为了提升国民的综合素质，实施高校扩招计划，与此相对应的是高校大学生数量逐渐增加，高校学生管理面临着一系列转变。

在计划经济体制下，我国的高等教育采取的是精英式教育路线，学生工作的职能以管理为主；在信息时代背景下，大学生处在信息的海洋中，思想更加开放，学生工作的职能逐步向服务职能转变。在计划经济体制下，高校学生毕业后由国家统一分配工作；随着市场经济体制改革的逐步深化，我国的就业政策也发生了改变，高校学生自主择业成为主流趋势。在计划经济体制下，高校的学制一般为固定制；在市场经济体制下，弹性学制逐渐兴起，并在很多高校得到了应用。

2. 构建高校学生管理新体系是适应信息化时代发展的必然要求

伴随着通信技术和网络技术的蓬勃发展，我们已然进入信息化时代。网络技术为高校学生管理工作提供了新的机遇，使管理工作的效率得到了大幅度的提升，主要表现在以下方面：第一，相较其他传播渠道，网络具有传播速度更加迅速、传播方式更加多样的显著优势；第二，网络上有很多传播正能量的高质量信息。

3. 构建高校学生管理新体系是高等教育改革和发展的必然要求

高等教育的全球化给学生管理提出了更高的要求。随着改革开放的不断深入，对外交流互动日趋活跃。

国际竞争归根结底是人才的竞争，特别是高素质复合型人才的竞争。高等院校是培养高素质人才的主阵地，面对日趋激烈的国际竞争，高等学生管理必然要转变观念，学习先进的管理理念，积极汲取世界先进高校的管理体制，结合本校实际，构建既符合高校办校宗旨，又与世界接轨的高校学生管理模式，以适应时代发展的要求。面对世界文化的冲击，如何引导学生树立与时代精神相契合的正确的世界观、人生观、价值观是高校学生管理者需要思考的重点课题。因此，高校要对学生管理工作给予高度的重视，大力宣传革命先辈和知名人士的优秀事迹，抵制拜金主义、个人享乐主义等不良倾向对学生的侵蚀，引导他们树立正确的文化心态。随着教育改革的不断深化，学生管理工作产生了新的变革，学分制得到了广大高校的普遍认可。在学年制下，专业是管理学生的唯一标准，高校按照专业的不同设立不同的学生管理部门，采取整齐划一的教学管理模式。学分制则以学分作为管理学生的标准，除了要管理本专业学生之外，还要管理选修本专业课程的其他专业的学生，有的高校还允许其他学校的学生来本校学习，这部分学生也属于学生管理工作的管理对象。面对日益增多的大学生，高校学生管理工作的内涵不断延伸，除了对学生教学和思想生活管理之外，还需要站在学生全面发展的高度帮助学生构建科学合理的知识体系。知识经济时代，社会和用人单位更加青睐拥有自主学习能力的人才，为此，高校的学生管理工作还应注重培养学生的自主学习能力，引导学生由定向学习转变为自主选择性学习。由于学分制具有灵活性、开放性等特点，与当前的教学体制相适应，因此学生管理也要迎合时代的需求，实现由学年制下的指令性管理向学分制下的指导性管理转变。

（二）构建高校学生管理新体系的重要性

1. 有利于促进高校学生管理科学化理论的发展

历史唯物主义的基本原理之一就是，社会实践决定社会意识，社会意识对于社会实践具有能动作用。

先进的科学理论是引导正确行动实施的基石。构建高校学生管理新体系具有如下意义：首先，它有助于将学生管理工作上升到理论的高度，从而促使高校在借鉴世界知名高校学生管理模式的基础上结合我国实际，探索适合我国高校学生管理内容，使学生管理体系朝着科学化、规范化的方向发展；其次，高校在创新学生管理工作的实践中，将适合本校的管理观念进行提炼和升华，从而促进高校学生管理科学化理论的发展。

2. 有利于高校学生管理走上制度化、规范化、现代化的轨道

伴随着教育体制改革的不断深化，构建高校学生管理新体系是提升高校社会影响力、促进高校持续健康发展的必由之路。构建高校学生管理新体系，有利于学生管理体制改革的步伐不断加快，使学生管理者明晰自身定位，学生管理机构不断完善，科学制定学生管理制度，从而使学生管理的各个环节有章可循，有利于降低学生管理政策的指令性，增加其宏观调控性，突出管理理论的指导性，重视管理实践的差异性，避免管理行为的盲目性和随意性，使管理遵循规律，步入科学管理的轨道，推进学生管理的科学化实践进程，以提升教育质量和效率。这样就可以使高校学生管理朝着制度化、规范化的方向发展，从而成为教育现代化的重要组成部分。

3. 有利于提高各层次管理者的素质

学生管理工作日益朝着科学化、现代化的方向发展，加强学生管理队伍

素质建设，不断提升学生管理者的综合素质，则是实现科学化管理的关键环节。因此，在构建高校学生管理新体系的过程中，学生管理者应当深刻认识到科学化意识的重要性，积极运用现有的科学方法和现代化科学手段，从而提高学生管理质量和效率。

学生管理者必须学会应用科学的方法去分析问题、解决问题，不断地学习管理理论。学生管理工作并不是一成不变的，而是随着社会经济的发展，其工作内容也在不断地调整。学生管理者要摒弃与时代精神不相容的内容，坚持以学生为本的理念，把握学生管理的内在规律，积极汲取心理学、经济学等相关学科中的先进成分，灵活运用现代管理手段。

4. 有利于促进学生管理水平的提高

高校是培养高素质人才的主阵地，学生管理工作是其日常工作的重要组成部分。

高校学生管理工作的宗旨就是加强内部管理的运行机制，提高工作效率，确保人才培养的教育目标顺利完成。因此，构建高校学生管理新体系势在必行。科学化的管理新体系的构建不管是对学校的发展还是学生个人的成长，都有着积极意义。从学校的角度来说，学校可以在新体系的要求下开展学生管理工作，进而提高管理效率；从学生的角度来说，学生可以按照体系要求参与学校的各项活动，有助于发挥学生的主观能动性，促进学生积极参与学生管理工作，提升管理水平。

二、关于高校学生管理体系构建的思考

教育领域的专家对世界知名高校的学生管理体系进行了深入的研究，结果发现，一个完整高校学生管理体系由五个子体系构成，分别是思想体系、内容体系、组织运行体系、服务保障体系和考核评价体系，这五个子体系相互联系、相互影响。

（一）高校学生管理体系的思想体系

1. 指导思想

在现代社会，以人为本、不断促进人的全面发展，已逐渐成为经济社会改革发展的出发点和根本动力。

同样地，作为一种深层次的高等教育管理发展理念，以人为本就是在坚持马克思主义的根本哲学立场的前提下，相信人、尊重人、依靠人、发展人，让人积极愉快地进行工作或学习，取得更好的教学效果，实现人的更大发展。这也成为高校学生管理的理论基础。高校在开展具体工作时应始终坚持以学生为中心，以培养身心健康发展的人才为宗旨，切实维护和保障学生的合法权益，以促进学生全面发展为出发点，引导学生树立终身学习的理念，以高校学生全面发展为目标，解放思想、实事求是、与时俱进，同时贴近实际、贴近生活、贴近学生，努力提高管理的针对性、时效性和灵活性，培养德、智、体、美、劳全面发展的社会主义合格建设者和接班人。

2. 适应新形势，融入新理念

（1）追求卓越的理念

追求卓越是一种优秀的组织文化，它的精神核心是“追求效率，以事业为本”，将“以人为本”理念作为管理文化内核，使其更好地渗透到学生管理中，从而实现良性互动。

马克思主义告诉我们，意识对物质具有能动作用，个体只有具备远大的理想和追求卓越的精神，才能创造出卓越的事业，为社会的发展和人类的进步作出贡献。

（2）民主与法治的理念

随着时间的推移，学生维护个人合法权益的观念日渐清晰，参与高校管理工作的意愿越发强烈，他们希望以平等的身份参与到涉及自身利益的事务处理中。

面对学生渴望展现自身才华的愿望，我们要在学生管理中宣扬民主观念，彰显人文管理的价值观。现代高校学生是一个有着较高素养的特殊社会群体，拥有独特的认知和判断能力。他们倾向于进行独立思考而非盲从，对命令式的管理方式持否定态度，特别是管理者为了实现管理目标，采用行政命令的管理时更会引发他们的反感。因此，高校学生管理应该将人文管理作为其价值目标。人文管理就是把人放在一种被尊重和关怀的环境中来进行管理，强调以学生为中心，让学生成为管理的主体，使管理工作不仅要从学生的需求出发，以促进学生成长成才为出发点和落脚点，尊重学生，理解学生，还要依赖学生，在合理范围内尽量满足学生的需求，同时积极营造平等、民主的人际环境。在这样的管理理念下，教师与学生建立起平等与和谐的关系。这种管理方法的落实有赖于管理者在管理工作中遵循参与和一体的原则，让学生参与管理活动的各个环节，包括选择、创造、决策和共建等方面，以提升学生的整体意识，这样管理者和被管理者有着相同的价值追求，为实现共同目的而脚踏实地地奋斗。

在学生管理制度中，要实现依法治校的目标，就是要进一步加快学生管理向法治化方向的转型，全面将学生管理融入法治化管理之中，要充分尊重学生的人格和权利，在客观、公正、全面的基础上对学生进行考核和评价，从而确保学生管理工作的顺畅、有序、和谐。

首先，高校在制定校规校纪之前要深入研究学生的身心发展规律，通过问卷调查、访谈等方式明确学生最为关心的问题，注重反映和维护学生的正当权益，表达他们的意志；其次，高校要设立健全的利益表达机制，确保信息畅通，这样当学生的合法权益受到侵害时，他们能够有效表达自己的合理意见，捍卫自己的合法权益，同时加强学生管理者与学生之间的沟通交流，及时了解学生生活、学习中遇到的困难，并帮助他们解决困难，提高管理效率；最后，高校应当始终坚持正当程序原则，在学生管理中运用合法程序，规范权力的运行规则，确保权力行使符合法治原则的规定程序和方式，防止管理程序被无序、偶然、随意地运用，以确保管理行为的合法和高效。

（3）社区工作的理念

“社区工作”是社会学中的专业术语，是一种基于社区力量和资源的专业社会工作方法，旨在强化社区功能，解决社区问题，提升社区成员的生活水平和生活质量。

社区工作是指在一定的组织的领导和管理下，社区工作者与社区居民合作，就社区内多个方面的问题展开讨论，寻求最佳的解决方案，以实现社区与环境的协调发展。

社区工作具有以下几个理念特点：首先，它是一种工作方法，是一项有计划的行动，通过激励社区成员自我发展、相互支持和积极参与，实现社区的自我提升和发展；其次，它的基本目标是利用社区内外的各种资源，解决社区所面临的各种问题；最后，它的最高目标是培养社区居民的归属感，加强社区居民的认同感，促进社区融合，并推动社会变革。

高校不仅具备一般社区的特质，同时也呈现出学校社区的独特性质。因此，在高校开展大学生社区教育与管理也有其自身的特殊规律和要求。在新的教育形势下，我们需要深刻认识到高校社区工作的本质特征，以此为基础，建立起一个充满参与、互助、信任和成长的校园社区新格局。

（4）“蓝海战略”的理念

2005 年，W. 钱 · 金和勒妮 · 莫博涅教授共同提出了“蓝海战略”，旨在探索企业竞争中一种新的思考方式，它提供了一种新的增长路径，为企业展示了通向前景更加广阔的未来。它要求企业改变视角，不再只注重市场提供方，而要注重需求方，通过突破竞争边界和重新组合不同市场买家的价值元素，重新定义市场和产业边界，挖掘潜在需求，从而避免在已知市场空间中的激烈竞争，开辟新的市场空间。这就是开创“蓝海”的思路。尽管“蓝海战略”的初衷是为了企业营销，目的是增强企业竞争力，使企业在市场竞争中持续生存并不断发展壮大，但对于高校学生和工作人员来说，这一理念也提供了很多有益的启示。

近年来，高等教育改革的步伐不断加快，高校学生的需求日趋多元化，学生工作和其他领域的工作已经开始相互影响、渗透和融合，这种交互作用变得越来越广泛。

“蓝海战略”告诉我们，伴随着社会的发展和国际交流的频繁，企业不仅要面对日趋激烈的国内市场，同时还要迎接国际市场的挑战。

为了满足用户的需求，扩大企业产品的市场占有率，企业需要转变观念，重新审视市场需求，重塑产业边界，为用户提供更具价值和贴心的服务。为了更好地满足高校学生的合理需求，我们需要加强具体有效的服务和发展职能，关心学生，关注学生成长，当学生出现问题时及时予以帮助。我们需要从传统的思想政治教育和日常管理工作中解脱出来，采用“蓝海战略”的核心思想，开拓创新，将教育、管理、服务和发展等领域有机地结合起来，探索新的方向。我们可以从高校学生的评价体系、维护权益、心理健康和创业教育等方面入手，开拓学生工作的新领域，为未来的人才培养提供新思路。

3. 高校学生管理工作思想体系设计的目标

高校学生管理工作致力于为广大高校学生提供更加优质的服务，以促进学生全面发展为根本目标，以培养社会需要的人才为宗旨，并树立以学生为本的价值观，从学生的内在需求出发，关心每一位学生，尊重每一位学生，运用多种手段调动学生的主观能动性，挖掘学生的内在潜力，引导学生提升自身的文化素养和道德修养，从而最大限度地满足他们的成长和成才需求。

尊重学生的个体差异性，帮助学生认识到自身的优势和不足，结合自身的职业规划形成正确的需要层次和需要结构，引导学生将个人的成才目标与学校的教育目标融为一体。高校学生管理思想体系设计的目标应包括以下两个方面的内容：

（1）引导和规范学生日常行为

学校肩负着培养讲文明、懂礼貌的高素质人才的重任。教育实践证明，良好的习惯是文明行为的基石，为此，学校要结合本校的办学宗旨，制定科学合理的管理条例和奖惩措施，并将之贯彻到学生管理工作中，使规章制度内化为自身的习惯，从而规范学生在公共场所的举止，提高其行为的文明程度。

为了确保学生的人身和财产安全，学校要建立健全安全管理体系，落实安全措施，通过广播、宣传栏等形式加强安全意识宣传，定期开展安全讲座，规范学生在安全方面的行为，如不在宿舍内违章用电、不在有安全隐患的地方进行娱乐活动等。同时学校还要加强思想政治教育，引导学生树立正确坚定的政治立场。

（2）培养和提升学生的法治意识

有关研究表明，处罚性制度对于促进学生的健康成长和成才具有积极意义，一方面可以对学生的不良行为进行有效抑制，另一方面有助于培养学生的法治意识，提升学生的法治素养。知法、懂法、守法是合格的社会公民所必备的基本素养，学校通过制定严格的限制性制度，有助于增强学生的自我保护意识，警惕学习生活中的不良行为。

4. 高校学生管理工作思想体系设计的原则

（1）管教结合原则

教育学的根本原则是将教育与管理有机结合，教育是目标，而管理则是实现这一目标的必要手段。

学生工作的起点和终点在于对其进行教育，以达到预期的教育效果。此外，为了实现教育活动的目标，必须建立一系列规章制度，以确保教育活动的有序实施。如果学生违反了学校的规章制度，就必须根据具体情况进行相应的处理；如果学校的规章制度不健全，就无法对学生的不良行为进行有效的约束。或者虽然规章制度比较健全，但是管理松散，学生即使违反了校规，学校也并未对其进行相应的处罚，于是教育就无法顺利进行。因此，学校要贯彻管教结合的原则，通过宣传栏、广播站等宣传典型事例，语言要生动活泼，形式要丰富多彩，从而使学生受到教育。

（2）学生“自我教育与管理”原则

唯物辩证法的基本原理之一是事物是不断发展变化的，引发事物变化的因素有两个：一是内因，二是外因。其中内因是事物变化的基础，外因是事物变化的条件，二者缺一不可，外因通过内因而起作用。

高校的办学宗旨是培养社会需要的高素质人才。要想实现这一目标不仅有赖于学生管理工作者的不懈努力，更重要的是学生自身要有着远大的理想、乐观积极的学习态度，将个人价值与社会价值熔铸在一起，以及为了实现理想，脚踏实地地奋斗。学生管理工作的对象是具有独立思想的人，这就要求在学生管理中激发学生的主观能动性，注重培养学生自我教育和自我管理的能力，培养学生独立思考的能力，引导学生积极参与校内实习和校外实践，主动发现问题，透过现象看本质，从而提高他们的思想觉悟和实践能力。

（3）综合管理原则

学生管理目标的实现并不容易，需要从民主管理、协作管理、制度管理三个方面入手，多方协作。

在高校学生管理中，民主管理是不可或缺的一环，因为学生管理的对象是那些具备相对独立的社会属性，并且拥有较高智商的学生。民主管理的核心在于为学生提供一个开放的思想空间，让他们能够自由地表达自己的想法，激发学生的参与热情，使其成为管理实践中的主导力量，为了调动学生参与管理的积极性，应采取疏导的方式而不是行政命令的方式。协作管理是指现代科学管理，指在合理分工的基础上，通过严密有效的合作来实现高效协同的一种管理方式。协作管理强调各职能部门之间必须密切配合，相互协调地开展工作。虽然学生管理部门在学生管理工作中发挥着主要作用，但这并不意味着其他部门完全没有责任，相反，其他相关部门也应积极参与，以确保教育影响的一致性。实践证明，高校人才培养目标的实现是一个长期的过程，只有学生管理部门承担起主要责任，其他部门相互协作，才能形成“分工协作，齐抓共管”的良好局面，进而在教育、管理、服务等多个领域共同实现育人目标。制度管理是指学生作为处于社会环境中的完整生命体，不仅要遵守国家的法律法规，还应遵守学校的各项规章制度。因此，必须加强法治建设，向学生宣扬遵纪守法的观念，建立健全学校的规章制度，约束和规范学生的行为。在制度管理中应注重制度的合理性和可行性，这就要求高校在制定校规校纪时以维护学生利益为出发点，同时综合考虑学生的身心特征和发展规律，使制度切合学生的实际情况，确保制度的有效实施。

（二）高校学生管理体系的内容体系

高校学生管理的内容体系主要包括高校学生日常思想政治管理、高校学生日常行为管理和高校学生日常事务管理三个部分。

1. 高校学生日常思想政治管理

高校学生日常思想政治管理指的是学校管理部门通过组织各项活动对高校学生进行引导的过程。在这个过程中，学校管理部门发挥着主导作用，其站在促进高校学生全面发展的高度，通过一定的工作机制，按照特定的工作程序，开展各种学生党团组织活动。

伴随着国际交流活动的日趋活跃，各种文化思潮持续涌进，冲击着我国传统文化价值体系，这就要求学校管理部门加强对学生思想政治的管理，引导学生树立正确的是非观念和政治导向，以积极乐观的人生态度面对生活中的困难。例如，通过组织党团培训班，进行学生干部的选拔和培养，以及吸纳具有先进思想和实践经验的年轻人加入党团组织等措施，以提升组织的整体实力和影响力。

2. 高校学生日常行为管理

高校学生日常行为管理以学生个体为管理对象，通过制定相应的规章制度，以引导和调整学生个体和群体的行为，从而确保教育实施过程的顺利进行。

在高校中，加强学生日常行为管理是一项十分重要而又艰巨的任务，主要表现为肯定积极行为和否定消极行为两方面。

3. 高校学生日常事务管理

高校学生日常事务管理在高校学生管理工作中起着不可忽视的作用，所有与学生有关的非学术性或课堂外的工作都属于高校学生日常事务管理的范畴。它的工作内容比较烦琐，包括高校学生学习、生活和其他方面的管理，如向学生发放奖助学金、为条件许可的学生办理入学（或离校）手续等多方面的内容。

高校学生日常事务管理是专门化程度较高的专项工作，在很大程度上体现出一所大学的办学理念和办学水平。尤其是随着我国高等教育改革的不断深入，高校招生规模不断扩大，收费制度、就业制度逐渐社会化、市场化，学生的主体地位进一步凸显，主体意识、权利意识进一步增强，个性化需求日益增多，各种新问题不断增加，给高校学生日常事务管理提出了新的要求。

（1）高校学生日常事务处理的规范化

高校要认真贯彻国家相关高等教育法律法规，严格执行《普通高等学校学生管理规定》，按照“规范、科学、高效”的要求，努力提高学生事务的处理能力，进一步建立健全学生突发事件的处理机制，切实做好学生安全和思想稳定工作，建立学生信息沟通和反馈机制，及时掌握学生的思想动态，对学生群体性思想情绪能够做到及时引导，向积极的方向进行转变。

（2）高校学生事务管理者的专业化、专家化

尽快建立起一支以职业型、专家型为主的学生事务管理工作队伍，确保高校学生事务管理工作走上正确轨道。

要像关心和培养教学和科研队伍那样注重学生管理者实际业务水平和学历层次的提高，加强学生工作者教育学、心理学等方面的系统化、专业化培训，加强职业道德建设，使广大高校学生事务管理工作者不仅热爱学生工作，而且能够把学生工作当作自己终身的事业来进行，从而走上职业化、专家化的道路。

（三）高校学生管理体系的组织运行体系

高校学生管理新体系的组织运行体系包含组织构建和运行机制两个部分。

1. 组织构建

组织构建要突出机构建设和队伍建设两个重点。

（1）配备齐全、工作得力的学生工作机构是高校学生管理工作必需的组织基础

长期以来，学校和各院系的学生工作机构都采用了多种不同的组织模式，其中包括党委学生工作委员会、学生工作部（学生处），以及学生工作办公室等多种类型。

任何一种组织形式，都必须符合思想政治教育的要求，满足一系列基本的规范和条件。

从当前高校实际看，要实现这些要求，可以考虑以下五个方面：第一，

确立一个明确的组织架构，以成为院系实施人才培养计划和执行党政相关决议的专业机构，同时，还应根据学校发展规划和实际情况设置相应的岗位或职务，并建立与之相适应的规章制度；第二，为了彰显学生工作的重要地位，应委派独立行使职责的院系级领导（通常为党委副书记）担任机构的主管；第三，为了确保学生管理工作的顺利进行，应选拔德才兼备且具有丰富学生管理经验的职业工作人才组成专门的学生管理工作小组，配备专门的工作场所和设施；第四，学生管理工作的顺利开展离不开教务、行政、后勤等部门的配合，需要整合院系的内设部门的工作力量；第五，学生管理工作离不开广大学生的支持，要发挥基层学生组织的力量，调动学生参与学生管理工作的积极性。

因此，在高等教育大众化阶段，高校学生规模快速增长，实施层级管理，健全和完善校、院（系）两级管理，以院（系）为主体的管理体制，成为众多高校的必然选择。

首先，成立以主管校领导为首的高校学生管理工作领导小组，负责对学生管理工作的决策和统筹部署；其次，设立学生工作部（学生处）作为学生工作的职能部门，负责牵头落实领导小组的各项决议、决定，协调教务、行政等部门对学生进行共同管理和指导，督促二级院系学生管理工作；最后，设立学生工作办公室（各二级院系），负责协调本部门各年级、班级学生事务管理（通过辅导员），将学校的各种精神、政策和决议传达给学生。

由此可见，高校学生管理工作组织体系由管理者、教师（辅导员）、学生和各管理机构组成，包括党团组织、学生会、班委会、学生管理部门、学生申诉部门等。

（2）以辅导员为重点的学生工作队伍的建设是高校学生管理工作必需的组织保障

有关研究表明，辅导员在高校学生管理工作中发挥着不可估量的作用。加强辅导员队伍建设应从以下三个方面着手：一是高校要深刻意识到辅导员在高校持续发展和学生成长成才中的重要作用，要站在构建和完善育人体系的高度认识辅导员的地位，认识到辅导员和专业教师虽然职责不同，但是其所起的作用不容小觑，要将辅导员工作和专业教师工作放在同等重要的地位，两手都要抓；二是明确辅导员的工作职责，特别是厘清辅导员、班主任、学生工作机构等各方的关系，以优化工作机制，确保各环节高效运转；三是为确保辅导员队伍符合现代学生工作的理念和方法，必须对其进行专业培训，以满足现实需求并符合管理规范。

2. 运行机制

（1）建立校、院两级管理，以院为主，以社区（宿舍）为阵地，以学生社团组织为载体，以学区为基层组织的学生教育管理运行机制

随着高等教育改革机制的不断深化，学分制教育模式和弹性学制在众多高校中得到了广泛的应用，特别是高校后勤社会化改革步伐的不断加快，学生公寓将成为重要的育人基地，学生宿舍区将形成新的载体和平台，区、楼、层、室成为人才培养的新单位。

为应对这种情况，我们需要制定一种集教育、管理和服务于一体的工作流程，并以此为基础对学生基层组织进行重组。因此，我们认为高校成立高校学生生活园区或社区学生工作委员会，按单元或楼层组建学区，设立党团组织，并按照学区、学院配备学生辅导员，以此构建组织稳健、配备完备、具备行政管理及思想教育职能的学生工作基层组织。这样的学区可以成为学生思想教育的载体、日常管理的切入点和社团活动的基地，提高高校学生生活园区的育人功能，构建以院为主、以社区为阵地、以学区为基层组织的学生管理工作运行机制，加强校、院两级管理。按照学校的思想教育计划，学生处协同分团委、团总支等，在各社区实施学生的思想教育工作。此外，还可以与相关部门或学院合作，开展心理咨询、道德建设、学风建设等活动，同时进行校园文化、心理健康教育等工作。

（2）构建畅通的沟通与回应机制

学生管理工作中一个重要的环节是对管理过程中落实的情况和结果信息进行正确有效的反馈。

高校学生管理中建立有效的沟通回应机制是依法治校条件下尊重和满足学生权利的需要，也是现代大学决策科学化和民主化的重要保障手段。

如果想收听不同的声音，及时化解和处理实施中的冲突，实现双向互动，就要健全和完善沟通与回应机制。

（四）高校学生管理体系的服务保障体系

服务保障体系突出心理辅导和突发事件预防。

1. 心理辅导

教育实践证明，心理辅导在学生管理工作顺利进行的过程中发挥着积极作用。因此，高校学生管理者要对心理辅导给予高度重视，不断提高学生的心理素质，提升心理承受能力和抗挫折能力，培养健康的个性心理品质，提升心理调适能力和社会适应能力，引导学生树立积极向上的生活态度，帮助学生实现身心和谐发展。

因此，需要构建学校、学院和学生“三位一体”的三级工作机制。首先，为了提高高校学生的心理健康水平，学校应成立心理健康教育中心，该中心的主要任务是对所有在校大学生进行全面的心理健康普查，并建立详细的心理健康档案，此外，该中心还负责开设一系列心理健康教育选修课、心理咨询门诊以及开展团体心理训练等活动；其次，高校应将大学生心理咨询纳入教学计划，在各个学院建立院系心理辅导站，以解决学生在成长过程中所遭遇的心理困扰；最后，为了提高学生的心理健康水平和自助能力，高校应组织成绩优秀、品德良好的学生组成高校学生心理卫生协会，定期向学生宣传心理健康知识，挖掘学生的内在潜能，发挥学生自我教育的作用。

2. 突发事件预防

学生管理工作要对突发事件给予高度重视，并结合本校实际，建立科学合理的预防突发事件的长效机制。

在安全稳定事情的处理中，通常需要进行预防和处理两个方面的工作。其中前者的目的在于遏制事件的发生，而后者则旨在将事件的影响和损失降至最低程度，以确保其得到有效的控制和解决。预防应该被视为一种积极主动的态度，而非仅仅是处理问题的手段。在处置突发事故中，应采取以预防为主、及时应对的策略。目前，我们的主要任务是建立长期稳定的安全工作机制，并将其纳入规范化的管理渠道。我们需要根据多种类型和处理突发事件的一般原则及相应的特殊需要，制定预案管理，并进行组织和制度建设，确保工作规范明确，并建立维护安全和稳定的长期机制。这是符合现代管理标准的要求，同时也是确保学生健康成长、顺利成才的必备条件。

（五）高校学生管理体系的考核评价体系

高校学生管理工作评价是指对管理工作的效果做全面检验和鉴定。它是学生管理工作体系的重要组成部分和基本工作环节，其作用在于能够让学校和有关职能部门全面了解和掌握各院（系）学生管理工作的状况和水平，总结学生管理工作的经验，探索学生管理工作的内在规律，加强对院（系）学生的工作指导，使学生管理工作进一步向科学化、规范化、制度化发展，不断提高学生管理工作水平。科学合理的考核评价体系，应包括以下三个方面的内容：

1. 考核评价的指标体系

科学合理的高校学生工作评价体系是落实高校学生工作目标的基础。学生管理工作评价指标体系的构建需要综合考虑高校学生工作原则、工作内容等多项因素。

目前大部分高校学生管理工作评价指标体系由三级构成，第一级包括日常事务管理工作、文明行为管理、学生宿舍管理和学籍及违纪管理四个指标，每个一级指标又包含若干个二级指标，每个二级指标又包含多个观测点，以全面覆盖学生管理工作的各个方面，从而实现具体的考核和评价。

2. 考核评价的结果体系

考核评价结果是对各项指标完成情况及效果的评定，可分为优、良、一般、较差和差五个等级，每个等级均有相对应的标准。

（1）优

能圆满完成各项观测指标，各个观测点反馈的信息都能与预期计划相一致，特色工作明显。

（2）良

能较好完成各项观测指标，各个观测点反馈的信息都能与预期计划大体上一致，特色不太明显。

（3）一般

基本能完成一级观测指标，二级指标落实效果一般，各观测点反馈的信息都能与预期计划基本一致，无特色。

（4）较差

一级指标、二级指标均只能完成小部分，各观测点反馈的信息都不能与预期计划相匹配。

（5）差

各项指标均不能完成。

3. 考核评价的激励体系

激励作为一种管理手段，其主要目的在于调动人的工作积极性。激励措施分为正向和负向，即激励和限制，其中奖励和惩罚是最基本的两种手段。因为教育对象具有复杂性特点，所以需要运用不同的激励机制来调动他们的积极性。因此，在对学生管理工作进行全面评估的基础上，我们应该采取相应的激励措施，以激发和调动各层学生管理机构、组织和相关人员的积极性，从而推动管理目标快速而有效的实现。

激励的种类通常包括薪酬激励、事业激励、机会激励和文化激励：薪酬激励是指通过物质来满足人们的需要，从而达到激发内在动力的目的；事业激励是指通过提供更多的个人发展空间和机会来激励人们；机会激励就是以工作行为本身为载体使人们获得某种满足感，进而产生一定的激励作用，如每个人都有自己的兴趣爱好，能够以极大的热忱投入自己感兴趣的工作中，从事自己喜爱的工作，这一“行为”本身就具有较强的激励效果；文化激励是指以文化作为载体，借助文化的熏陶和感染，引起人在心理上、较高层次上的满足而起到某种激励作用。

第二节　高校学生管理的队伍建设

一、高校学生管理机构的设置

（一）高校学生管理机构应遵循的原则

1. 系统整体的原则

高校人员众多，情况复杂，学校正常运转依赖于学生管理工作这一系统的支撑。

高校肩负着培养未来社会主义建设者的重任，特别是在信息时代背景下，高校除了要维护学校正常的教学、工作和生活秩序之外，还要对学生的身心健康给予高度关注，培养德、智、体全面发展的人才。学生管理目标和学校培养目标具有高度的一致性，具体地说就是对学生进行全面的管理，如注重学生思想品德的培养，关注学生的专业学习，引导学生进行体育锻炼和开展劳动实践，组织丰富多彩的课余活动，规范学生在公共场所的行为，关心学生的生活以及就业问题等。因此，高校学生管理系统是一个由多因素、多层次、多系列、多功能组成的结构群体。这个结构群体中的各要素、各系统、各层次间存在必然的内在联系，要素和结构整体是不可分离的。因此，整个高校学生管理系统组织结构中设置的任何一个部门、任何一个管理层次、任何一个管理序列，都必须注意它们之间的功能联系及其同整体管理效能的关系。否则，必然导致整个系统管理作用的减退和管理功能的紊乱。因此，设置高校学生管理机构必须依据系统整体原则，深入了解各学生管理机构和它们的构成因素在整个学生管理工作中的地位和作用，以及分析它们之间相互依存、相互制约、相互促进的关系，寻求学生管理机构的最佳组合，将各级、各类、各环节的学生管理活动协调于学生管理系统的整体行为之中，不断推进高校学生管理向机构体系最佳状态发展。

只有依照系统整体原则来设置学生管理机构，使各机构职能范围清楚，责任明确，功能彼此相对独立而互补，才可能建立一个从上到下强有力的工作系统，从而有利于避免学生管理工作中多中心的混乱状态，达到对学生的成才全过程进行有秩序管理的目的。

2. 层次制与职能制结合的原则

层次性是所有事物组成的普遍规律。高等学校的高校学生管理系统中有校、系、年级、班、组等几个层次，层次制指的就是学校这种纵向划分的方法。职能反映的是管理机构各个系统可能的活动领域，反映的是某些性质不同的工作的集合，这些工作的开展为实现系统的最终目标提供保证。

从学校一级来看，学工委办公室（学生处）、教务处、总务处、宣传部、团委等是职能单位。在学生管理系统中，它们都从不同的角度对学生进行管理。

考察合理的学生管理机构设置，应该主要从职能制的角度出发，但也不能忽视层次制。

因此，根据整体原理，机构设置中要有全局观点，要考虑到各部门的联系沟通，使机构减少到最低限度，便于在低层次中建立起相应的机构，使职能制和层次制相结合，互相补充，以取得最佳管理效果。

3. 职、责、权相一致的原则

机构设置与人员配备坚持职、责、权相一致的原则是发挥部门职能作用和使其协调一致的关键问题。

职是职务、职能，责是责任，权是指依据职能、任务所赋予的权力。职和责应有明文规定，并与权相一致。

明确每一个机构的职能，使在其中任职的工作人员都能与他们的技能水平和能力相等是非常重要的。

要严格地确定和分配职能，以保证各机构对自己所完成的全部任务负责，并达到精简不必要机构的目的。在设置机构和安排职务时，应该本着任人唯贤和人能相称的原则，因事而择人，安排适当人员，合理地分配任务，使职责统一，并按履行责任的需要，授予相应的权力，做到各个机构、各个部门都分工负责，从上到下建立岗位责任制。明确各管理层次和职能的职责范围、权力界限，使每个工作人员都能各司其职，各尽其责，各善其事。而且要严格岗位责任制的考核，形成一个有效的、有秩序的学生管理新局面。

因此，对每一个机构和每一位工作人员来说，权责一致过程中重要的是要确立他们所履行的职能的适宜性和特殊性程度，这同样是保证管理机构符合责权一致原则的前提。

4. 集中管理与民主管理相结合的原则

集中管理与民主管理可以说是当代高校学生管理两个不可分离的组成部分，互为前提。

只有高度集中，学生管理工作才有高效益，但也只有充分发扬民主，才能更有利于保证管理过程的高度集中。因此，高校学生管理的集中化和民主化的相互关系在管理机构实际履行职能过程中得以体现，它在很大程度上预先决定着能否达到系统所要实现的目标。集中管理的主要任务是根据学生管理工作的特征，作出统一的管理战略决策。

随着学生管理系统的复杂化程度的加深和管理信息的扩大，具有较强机动性特点的较低层次，尤其是一级的学生管理活动就日益具有更大的价值。

因此，集中管理与民主管理结合原则的意义就在于设置或调整学生管理机构时要使管理机构内部的权力和责任进行相应的重新分配，尽可能地把战略性职能和协调性职能与具体的管理活动分开，在形成或改造管理机构的过程中，适当调整不同层次机构在学生管理工作中的参与决策、实施管理方面的作用。

而且，在整个管理机构系统内，除了建立健全决策、执行系统外，还要建有监督、咨询和反馈系统，使整个管理组织具有良好的控制能力。

集中管理与民主管理相结合的另一个意义是在设置高校学生管理机构时，要建立起符合民主原则的管理机构和管理制度。要充分发挥管理对象，即高校学生本身在管理中的作用。要保证民主管理的实现，就必须通过不同的形式，吸收学生参与管理，确保学生自身的组织，如学生会和学生代表大会等，成为学生管理工作的有效监督和反馈机制，甚至为了提升管理效率和水平，一些学生管理机构可以吸收政治觉悟较高、品学兼优的学生代表参加，这样可以使学生管理工作达到最佳管理效果。

5. 因校制宜的原则

高校学生管理机构设置方式在不同的学校，由于其所处的社会环境，自身的历史发展，以及学校的类别、任务、规模、条件、学生来源、管理人员素质、校风、学风等各种因素的差异，不可能达到相同的管理效果。即使是同一学校、同一机构内，由于管理者的素质及工作作风不同，也可能产生各具特色的、多样化的管理效果，因此各高校学生管理机构的设置，只能因地制宜，因校制宜，在统一要求下，从实际出发，实事求是，根据工作需要，研究设置管理机构。一般来说，中等规模的学校较小规模学校的机构而言，可能更需要一种完善的学生管理机构，至于大规模学校的机构则更应该从上到下地加以周密考虑。组织机构的设置，各校可根据教育部划定的大原则、大框架结合本校自身特点，进行慎重而周密的试验，不断总结经验，不断探索，逐步摸索出适宜本校并能达到最优管理的学生管理机构设置方案。

（二）高校学生管理机构结构的形式与机构的设置

从理论上可以归纳为“直线型”“职能型”“直线—参谋型”“直线附属型”“矩阵结构”等形式。目前，多数学校采用的是“直线—参谋型”形式或“矩阵结构”形式。

“直线—参谋型”的结构形式将高校学生管理人员划分为以下两类：一类是直线指挥人员，他们在这个结构中对较低层次学生管理部门进行指挥，通过行政命令的方式管理低层次部门，承担该组织中所有工作职责；另一类是职能管理人员，他们在该组织中扮演着参谋和智者的角色，对学生管理工作提出自己的意见，当下一级管理机构出现难以解决的问题时，他们只可以进行业务指导，而不具备直接指挥和命令的权力。

相较于其他高校学生管理机构结构的形式，“直线—参谋型”具有显著优势，其中最大的优点在于明确的层级关系。在这种组织形式中，职能机构按照特定的职能分工，不同的职能部门分别担负着学生思想、教学、生活等方面的管理任务，通过各自分管的学生管理任务，为有关管理工作提供业务指导和保障。

因此，需要有这样一些管理机构，它们能较好地适应学生管理系统发挥作用，在较特殊的情况下，能有效地协调各方面的职能，而“矩阵结构”管理系统就是这样一种结构。在这种结构范围内，不是从现有的隶属等级立场出发，而是集中在所有形式的管理活动整体化和改进这些活动形式的协调动作上。因为只有这样，才能创造条件，有效地促进管理目标的实现。例如，为了加强对学生的思想政治教育及对学生的全面管理，为了开展评先奖优活动，学生工作委员会、奖学金评定委员会、毕业生分配委员会、群众体育运动委员会等，都是按照专项分工，把各职能部门工作从横向联系起来，形成全校学生管理工作的矩阵组织结构。

矩阵组织结构的特点是：纵向的是“直线—参谋型”组织形式，按层次下达任务，各有关职能部门按其职责范围，分别按层次贯彻学校的学生工作计划；横向则是由职能部门抽人组成的，按其专项任务分工的组织，这些组织中的人同时接受职能部门的主管和专项主管的双重指挥。这些纵向的矩阵型结构有机地结合在一起，互相配合，对学生工作进行综合管理。

在这种结构形式下，原有管理结构仍然是完整的，但实质上，管理结构的权力关系和它的各个部门的职责发生了变化，即把作出决定的责任和对执行情况的监督归为专项工作组织，而职能部门则从系统所要求的信息、管理工作的实施和其他方面来保证系统实现其管理结果。

在具体机构设置方面，我国各大学的学生管理机构设置是多种多样的。在最近几年，有的大学出现了由党委和校行政委派组成的一个专司学生工作的综合性机构——学生工作委员会。它的主要职责是对学生管理工作进行整体协调，对学生的思想管理、学籍管理、行政生活管理等管理工作进行决策，对学生工作的经验进行总结、交流、推广。在学生工作委员会下设办公室（或学生工作处）作为自己的办事机构，通过该办事机构使学生工作委员会这个综合性机构处于相对稳定状态，把各职能部门所承担的学生管理工作整体化，形成一个紧密联系的、封闭的管理体系。

根据这一指导思想，各系应在深入研究学生需求的基础上，结合本系的发展规划，成立相应的学生工作领导小组，以全面领导和协调本系统范围内的学生管理工作。为了确保学生管理工作的顺利落实，各年级应成立学生工作小组，由理论知识丰富且深知学生心理的辅导员、班主任担任组员，为了提高管理水平，还可以选拔品德优良、经验丰富的专业课教师加入学生工作小组，以协调本年级的学生管理工作。通过借助校、系和年级学生工作委员会及领导小组的协同作用，将各级管理机构从横向上联系起来，从而形成学生管理机构的矩阵结构体系。部分大学经过实践，认为这种学生管理机构设置有以下三个方面的好处：第一，符合简政放权原则；第二，大大减少了管理上的不良现象，符合高校管理原则；第三，信息反馈比较灵敏，而且方向稳定。学生管理工作委员会与职能部门固定机构相结合的高校学生管理机构设置，在实践中表现出它的优势，很可能是我国高校学生管理机构设置的发展趋势。如何充分发挥所设学生管理机构在高校学生管理工作中的作用，还有待于在管理实践中不断完善。

二、高校学生管理工作队伍的建设

大学不仅要有高效合理的管理机构、严密有效的规章制度，还要有一批精明能干的管理干部，依靠他们的积极性和创造精神去工作。有了这样几方面的完美结合，高校学生的管理工作才能取得理想的管理效果。

高校学生各项工作的有效管理离不开优秀的管理干部，他们是支撑整个工作的基石，可以最大限度地调动和发挥广大高校学生管理干部的能动性，形成目标高度一致的管理工作集体，组织以人才培养为中心的协调的、高效率的、有节奏的管理活动，是高校学生管理工作的实质，其核心是建设一支素质高、结构合理、战斗力强的高校学生管理队伍。

（一）高校学生管理队伍建设的意义

首先，在管理的本质和职能的体现上，高校学生管理队伍起着决定性作用。高校学生管理是高等学校管理工作的主体，是从管理上保证高等学校完成培养四化建设合格人才的一项系统工程。它直接关系到学校的安定团结，关系到正常秩序的建立，关系到教育学生抵制错误思潮和不良风气，以建立良好的校风和学风，促进学生健康发展，自觉成才。

然而，学生管理的社会主义方向是否能够得到坚定的贯彻，管理目标是否能够得以实现，直接取决于管理干部的能力和水平。由于高校学生管理是以人的集合为主的系统，其管理工作充满着教育的特点，因此管理干部在学生从入学到毕业的在校阶段都扮演着不可或缺的角色。他们除了负责引导学生以饱满的精神投入到学习和生活之外，还承担着规范学生行为的职责，如组织学生参与校内竞赛和校外实践，协调学生的内部矛盾，帮助学生申请奖助学金等。可以说，在学校这个培养人才的系统中，管理干部始终处于主导地位，涉及学生成长的一切工作都离不开管理干部的支持，学校工作的成果和培养人才质量的好坏，归根到底也有赖于他们。当前，随着改革开放不断深入，加强科学管理尤为重要。而管理干部在体现高校学生管理的本质和职能上起着决定性的作用。

其次，在学校人才培养目标的实现和各种教育要素的构成上，管理队伍起着骨干作用。

学校工作应以培养人才、促使青年学生健康成长为中心。高校学生管理的目的也在于全面实现高等教育的目标。概括讲，就是提高管理水平，促进人才素质的提高，使大学毕业生能主动适应社会主义现代化建设的需要。

高校学生管理包含四个基本要素，分别是管理对象、管理队伍、管理内容和管理手段，四个基本要素相互联系、相互影响。尽管管理活动的主体是管理对象，但管理队伍是推动管理活动开展的核心力量。学生管理工作必须以管理队伍建设为前提，这是因为不管是管理对象的培养还是管理内容的制定，甚至管理手段的运用、改革，都有赖于管理者的参与。管理手段在管理过程中始终处于次要位置，不管它蕴涵的管理理念多么先进，都只能作为辅助工具，无法取代管理队伍的作用。

换句话说，学校所开展的一切事务，包括建立和维护正常的教学和生活秩序，以及引导学生形成良好的行为习惯，严谨、科学、优良作风的培养，德、智、体诸方面的全面发展，都需要管理队伍去精心计划、组织、指挥和控制。而且，随着国家建设的需要，高等学校培养人才的任务日益繁重，可以说是以往任何时期不能比拟的。

从某种意义上来说，管理过程是学生认识客观世界的过程。相较于其他过程，管理过程具有其特殊性，即其他过程是学生自发的行为，而管理过程则是在管理工作者的指导下完成的。这一认识过程具有一定程度上的复杂性，涉及多个层面和多个方面的关系、矛盾和规律。管理过程中最主要的活动是管理队伍和学生两方面的活动，主要矛盾是管理工作者在此过程中起着主导作用和学生自我管理意愿日益增强，主要任务是调动学生参与学生管理工作的积极性和主动性。尽管管理过程中还有其他各种关系，如思想管理、行为管理、智育管理、体育管理、美育管理方面的关系，管物与管人的关系，学生管理与教师管理的关系，管理者的素养与管理效果的关系，管理效果与管理者对高校学生心理特点、思想特点认识程度的关系，以及宏观方面的学校教育和学生管理与外部世界的关系等，但是这些关系、规律都是从属于管理过程的总规律。为了实现一定的管理目标，管理工作者需要从实际出发，积极汲取其他学科中的先进成分，结合学生身心发展规律，把握学生管理工作的本质，提出契合时代精神的管理原则，如为社会主义现代化培养合格人才的原则、实事求是的原则、民主管理原则等。

在改革开放时期，高校学生管理队伍发挥着特殊作用。高等教育的培养对象不同于普通教育，高校学生的生理特点和心理特点不同于中学生，他们的心理特点和思想特点是由他们所处的社会环境和他们地位的变化、学习活动的变化以及生理变化所决定的，社会政治、经济乃至社会舆论和社会生活方式对高校学生的影响是很直接、很密切的。

如今的高校学生管理工作不仅仅是一般地培养良好思想、良好行为习惯，而且还担负着系统地向学生进行马克思主义教育，特别是辩证唯物主义和历史唯物主义教育，坚持正确的导向，不断提高学生的政治觉悟，努力创造良好的内部环境。在加强对学生思想教育的同时，要严格高校学生管理工作，使学生不断增强历史责任感。

（二）高校学生管理队伍组织建设

目前，在我国高等教育机构中，从事学生管理工作的人员主要由年级辅导员和班主任两大群体构成。大多数年级辅导员都是由刚毕业的青年教师、研究生来担任；有的高校由于辅导员数量不足，甚至选拔少量成绩优异、责任心强的高年级学生来担任；班主任则全部由教师担任。另外，在校、系两级还分别有一部分干部专职从事高校学生的学籍管理、行政人事管理和思想工作管理，他们分别在高校学生管理机构中担任一定的职务或是作为具体的工作人员。

从整体看，从事高校学生管理工作的队伍，不仅有着扎实的专业知识，深刻意识到学生管理工作的重要意义，熟悉学校环境，掌握高校学生管理的工作规律，了解学生的成长规律和身心发展特点，而且有强烈的进取心，热爱教育事业，能积极开展学生管理工作的研究，在学校管理工作科学化、规范化、现代化等方面不断跨出新步伐，取得新成果。

高校的学生管理工作，除专职的学生管理工作者外，广大的业务课教师以及学校行政、教辅人员，也应是此项工作的承担者。不管教师或教辅、行政人员本人是否承认，“教书”以及学校的其他管理工作都在起着“育人”的作用，都对学生思想品德、言行情操起某种规范、导向作用，这是不以人的主观意志为转移的客观规律。

加强专职学生管理队伍的建设，并不是简单地追求队伍数量的增加。正确的方针应该是在保证相当数量的基础上少而精，使学生管理干部向这方面的专家方向发展。

同时，要积极从高校的学生管理专业、第二学士学位班中培养专职学生管理干部，从优秀的毕业生或研究生中选留有志于学生管理工作的同志充实管理队伍。加强专职学生管理队伍的建设还要求建立独立于专业教师外的专业技术职务晋升体系，大胆提拔具有创新精神且有突出贡献的优秀人才，并将其置于工作第一线的关键岗位，为其提供展现才华的平台，使他们从亲身的工作中体验到自豪感，提升他们的自信心。一旦这样的机制形成后，这支队伍就会越来越精，越来越强。

建立一支专职的学生管理队伍，能保证高校学生管理工作的连续性、稳定性。但是，学生管理工作是多因素、多序列、多层次结构的综合体，与过去相比，管理的内容和形式都发生了很大的变化。可以说，一个学校，只要有学生，就有管理工作。无论从时间角度，还是从空间范围而言，学生管理工作无处不在、无时不有。学生管理任务是一项长期且艰巨的工作，仅靠少数专职管理人员是很难完成的。因此，必须吸纳优秀的兼职人员参与学生管理工作，从而建设一支庞大的兼职学生管理工作队伍。

兼职学生管理工作队伍主要是指由专业教师或其他职工兼任的年级辅导员、班主任、学生导师，一般做法是在本校教师中，也可从研究生或本科高年级学生中，以及学校其他政工干部或管理干部中选拔聘任。教师兼职从事学生管理工作，不仅是因为他们与学生有天然的师承关系，对学生有较大影响力，而且他们在与学生的接触中，能及时准确地掌握学生的思想、情感、个性等方面的情况，可以从管理的角度给学生指点方向。因此，把学生的教育管理工作渗透于业务教学之中是完全可行的。

高等学校职工，尤其是直接接触学生部门的职工，在某种意义上都是高校学生的管理者。这些职工若都能配合学校的管理目标，从各自的工作实际出发，协助做有关的学生管理工作，那就会使管理队伍在更广阔的领域得到延伸，使其成为学生管理工作的新“能源”。

因此，高校必须在具体工作中，真正体现出在工作的评估、职务的聘用上，把是否兼职从事学生管理工作，以及是否教书育人、管理育人作为一个硬性指标，既有定性的评估，又有量化的考核，以此激励广大教职工积极投身到学生管理工作中去。

加强高校学生管理队伍的组织建设，还意味着要加强有着浓厚学术性的学生管理、咨询、研究力量的配备工作。这一方面的力量主要应来自有相当理论基础的教师和有丰富学生管理经验的专职干部。

（三）高校学生管理队伍制度建设

高校学生管理队伍制度要求为高校学生管理工作的高效、高质开展提供人员、队伍方面的保证，可以说，它完成了高校学生管理队伍建设方面的“硬件”建设。但是，一支优质的高校学生管理队伍，还要靠不断提出新的要求，制定工作规划，进行组织培养，才能不断提高管理队伍的思想水平、管理能力和学术水平。因此，必须加强高校学生管理队伍建设方面的“软件”制度建设。

为了满足新形势下高校学生管理工作的需要，需要明确高校学生管理队伍职责范围，并制定相关规章制度，加强高校学生管理队伍建设，构建规范化、科学化的工作流程，使高校学生管理工作在最佳的状态下进行，从而发挥应有的作用。

高校学生管理队伍的制度建设包括的内容有：岗位责任制度、评价监督制度等。这些制度中，工作岗位责任制度和评价监督制度必须首先明确。

1. 岗位责任制度

高校学生管理队伍的工作岗位责任制度就是把学生管理工作的有关规定、要求、注意事项具体落实到每个管理者的一种责任制度，使得每个管理工作者都有明确的分工和职责，并可为评价每个管理工作者的成绩提供依据。

各层次的高校学生管理队伍的工作岗位责任可大致划分为以下几部分内容：

校学生管理工作委员会主任肩负着统一指导和协调全校学生管理工作的重任，他要根据学校党委和行政学期工作计划，制订全校学生工作的学期计划，同时在学期内根据不同年级的不同特点，对阶段性的学生管理工作进行组织、安排和实施；定期分析学生思想动态，为党委和校长对学生管理工作的决策提供准确的材料；安排全校学生管理干部培训，并与人事处一起组织和落实学生管理干部的专业职务评定工作；根据全校学生管理工作的总体要求，协调全校各部门学生的思想教育、后勤服务、学籍管理等工作。

校学生工作委员会办公室（或学生处）主任在学工委领导下主管全校学生行政管理和思想教育工作。根据学工委的决定协调有关管理机构的学生管理工作，并积极配合、组织和检查基层学生管理工作；负责奖学金的管理、评定、调整和发放；主管招生和分配工作；协助教务处进行学籍管理，办理退学、休学、复学和转学手续；检查和维护教学、生活秩序和纪律；统一处理学生来信及来访工作；掌握全校的学生统计工作。系学生工作组组长在系党总支和系主任领导下，组织实施学生的学习活动和学生管理；认真组织和安排好政治学习和形势教育任务；抓好学生中党团的思想建设和组织建设；指导和支持年级辅导员、班主任开展工作；协助班主任做好学生操行评定、“三好”评比工作和毕业生分配工作，并努力掌握学生思想特点和发展变化规律，探索学生管理工作的经验。

年级辅导员在系党总支领导下负责本年级或本专业学生的日常思想政治教育和相关管理工作，如根据系党支部领导的要求组织年级学生开展政治形势教育，每年新生入学时开展新生入学教学，结合军训、实习等活动开展思想政治教育工作，展开对工作对象、任务、方法等课题及相关理论的科学研究工作，以深入探究其内在本质和实践应用价值。

学校委派的班主任，担负着指导学生学习、管理学生、与党团组织和年级辅导员合作开展学生思想教育和管理工作的重要职责。班主任是一个班集体建设的组织者、教育者、指导者和引导者。班主任应当以爱国主义和共产主义思想为指导，坚定不移地贯彻四项基本原则，以教育学生为己任，指导和监督学生，引导班级开展多样化的学习活动，协助学生优化学习策略。除此之外，班主任还扮演着连接教学和学习桥梁的角色，引导学生在课余时间积极参与集体活动，强化集体意识，营造良好的班级氛围，培养团结向上的优良风气。

导师由忠诚于人民教育事业、责任心强、品德高尚、教学经验较丰富、学术水平较高的讲师以上教师担任。

导师工作侧重于学生专业学习的指导和学术思想的熏陶，兼顾思想政治教育工作，努力把思想政治工作深入专业学习的全过程，在对学生专业学习启发指导的同时，进行思想政治上的疏导；发现和推荐优秀学生，并向系提出破格培养的建议；全面关心学生，每年对所指导的学生进行考核，写出评语。

在建立具体的岗位责任制度时，应详细说明某一职位的高校学生管理干部在任期内必须开展的工作有哪几个方面，每一项工作要达到什么程度。这些内容必须是有实践基础的，必须切合实际。

2. 评价监督制度

开展高校学生管理干部的评价监督具有多方面的作用。首先，确定高校学生管理工作的质量标准，建立科学的评价指标体系；其次，评价监督制度能使高校学生管理干部找出差距、增强自我调节的机能，在优化整个高校学生管理工作的同时，发挥自己的特长和优势；再次，调动高校学生管理干部的工作热情，促进职能部门之间的竞争，有力地调动高校学生管理干部的积极性；最后，实行评价监督制度能够为决策机关在决定管理工作者的职务晋升、薪金（包括奖金）调整、人事调动时提供科学合理的依据，从而提高高校学生管理干部的工作积极性。因此，无论从加强管理队伍建设方面来看，还是从强化管理工作者的素质、能力和工作责任感来说，都必须积极开展管理队伍的评价监督工作。

开展高校学生管理干部的评价监督工作，最关键的是建立有量和质概念的管理工作评价监督体系。一般而言，建立该体系应遵循以下几条原则：

（1）方向性原则

评价干部的目的在于促进高校学生管理工作的规范化、科学化，引导高校学生管理干部立足现象，顾及长远，为培养社会主义建设所需的专门人才这一总目标高速、高效、高质地工作，力争高校学生管理工作的最优化。

（2）可比性原则

可比性原则即评价的对象及其评价项目的确定必须有可比性，使评价项目有着基本相同的基础和条件，使个人之间可以按评价项目进行量和质的比较；评价指标本身要尽可能量化，以期在更细的程度上求得同质和可比。对难以量化的指标则进行定性评议，使定量评价和定性评价有机结合起来，从而尽可能真实地反映出一个人的工作状况。

（3）科学性原则

评价指标体系应能客观、真实、准确地反映各管理干部的成绩和水平。

各级管理干部的管理工作相对独立而复杂，如年级辅导员，其工作范围非常广泛，建立指标项目不可能面面俱到，只能抓辅导员职责范围中的主要工作和集中反映辅导员工作成绩和水平的重要环节。

（4）可行性原则

高校学生管理干部工作评价指标体系应在不妨碍评价结果的必要精确度和可能性前提下，尽可能做到简要明白，简便易行，从而便于评价人员掌握和运用。

根据上述几条原则即可制定出一份与高校学生管理干部岗位责任制相符的、定性定量相结合的、侧重于定量的评价指标体系，并要求各层次干部按其职责和评价目标开展工作，尽职尽责地把工作做好，这是开展评价活动的出发点和最终目的。

第三节　高校学生管理工作者素质研究

一所学校能否把学生培养成为充满朝气的，有开拓和创新精神的，德、智、体全面发展的“四有”人才，很大程度上取决于各级学生管理干部的素质。

一、高校学生管理工作者素质修养的重要性

随着社会政治经济环境的演变，人们的生活方式、思维方式和精神状态也随之发生了翻天覆地的变化，这些变化不仅影响着人们的经济生活，更深刻地影响着他们的内心世界。这些变化促使高校学生管理系统中两个活跃因素——管理干部和青年学生空前地活跃起来，形成了管理活动中最有生机而又不甚稳定的因素。

（一）高校学生管理工作是培育人的工作，必然要求管理工作者具有较高的素质修养

高等教育机构的首要使命在于为社会主义建设输送大量德、智、体全面发展的人才，这些毕业生将成为社会主义建设的中坚力量，在各个领域中发挥积极的作用。他们的政治思想品质和精神状态将直接影响国家和民族的未来。因此，做好大学生管理工作就显得尤为重要。尽管高校学生管理者和教学工作者的工作内容、工作职责大不相同，但是二者肩负着同样重要的使命。为了胜任这项工作，管理工作者需要具备深入研究学生思想和行为活动规律的能力，不仅需要熟悉学生普遍具有的思维意识特点，而且需要了解不同学生的思想行为习惯存在差异的情况。我们需要深入了解学生的心理，既要掌握他们共同具有的心理活动，也要了解每个学生独特的心理特点。基于学生的共性和个性化需求，有目的地开展管理和教育工作是必不可少的。

显然，高校学生管理工作比一般管理工作复杂得多，也困难得多，它必

然要求学生管理干部有较高层次的素质修养。如果他们的水平跟不上实际需要，他们在学生中的威信就不会高，工作也将难以开展。一个好的业务教师不一定是一个好的管理干部，而一个好的管理干部应该是一个好的教师。因此，管理工作者一方面要进一步提高对管理工作的认识，下决心选拔品学兼优的毕业生和业务水平高的教师来充实管理队伍，另一方面要加强素质修养，努力学习，掌握自己所从事工作必需的科学知识和业务知识，并逐步精通、掌握其客观规律，成为学生管理工作的专家。

（二）学生管理是一个“言传”“身带”的过程，必然要求管理工作者全面加强素质修养

在学生管理工作中，“言传”是很重要的。要旗帜鲜明地宣传马克思主义的基本理论、党的教育方针、高校学生管理制度。

高校学生管理系统作为“人—人”管理系统，与“人—机”系统的根本区别在于，它的工作对象是一群思想敏锐、个性鲜明、充满朝气的年轻人，这些年轻人普遍渴望接受教育，“身教”重于“言教”。如果没有管理工作者的率先垂范、身体力行，“言教”就会成为“说教”，不可能有多大的效果。学生管理者在管理过程中扮演着双重角色，一方面承担着教育学生的职责，另一方面又是学生管理理念的实践者。为了将先进的管理理念贯彻到学生管理的各个环节，达到良好的管理效果，学生管理工作者不仅要具备较高的文化素质和理论素养，还要具有良好的工作作风和卓越的品德修养，并在此基础上形成自己独具个性的人格魅力，从而吸引学生、教育学生。

（三）新形势、新环境下的学生管理工作，必然要求管理工作者的素质修养具有时代精神

当前，党和国家对高校学生管理工作提出了更高的要求：需要紧密结合实际情况，将规范化行为融入专业教学中，使其成为学生自觉行为，并与思想教育有机结合，致力于创造一个和谐、健康、积极向上的育人环境，同时具备应对突发事件的能力，这些因素共同为高校学生管理工作的开拓提供有力支撑。毫无疑问，这需要高校学生管理工作者具备较高的素质和能力。

素质修养的提高需要不断地学习和更新知识，在现代社会中，高校学生管理工作者需要注重不断调整自己的工作态度和知识结构，吸收新的精神文明成果。通过这样的方式，他们可以不断地提升自我调节和变革的能力，实现素质结构的不断更新和转化。同时，他们还需要具备强烈的时代精神，积极发挥应有的作用，帮助学生提高政治、思想和文化素质。

二、高校学生管理工作者提高素质的基本途径

提升学生管理工作者的基本素养，不仅关乎个人修养，更直接关系到该团队的管理成效和声誉。因此，高校必须长期致力于提升学生管理人员的综合素养，这是一项使命，也是加强学生管理工作、更好地培养“四有”人才的当务之急。

要提高学生管理工作者的素质和科学化水平，除了需要管理工作者勤于读书，勇于实践，善于总结，不断追求素质的自我完善外，还需要各学校从战略高度认清提高学生管理工作者素质修养的意义，积极探索能达到目的的有效途径。

（一）开展全员培训

有关调查显示，全员培训是提高高校学生管理工作者综合素质的有效途径。首先，全员培训包括上岗前的基础培训，这是为取得学生管理岗位资格服务的；其次，经过一段管理实践之后进行人员的培训，以便从广度和深度两方面拓展管理业务的知识储备，进一步提高管理水平。

（二）应用理论学习与研究实践相结合的方法

理论学习与研究实践相结合的方法，要求学校一方面能提出学生管理工作中需要探索和研究的课题，鼓励广大高校学生管理工作者踊跃选择课题，组织立项研究，并对立项研究的课题提供必要的理论书籍、文献资料，为学习有关理论创造必要的条件，另一方面制定学生管理改革的研究立项和研究

成果的评审、奖励制度，在评定优秀成果时，要审查其立论的理论依据以及理论飞跃的科学性，以此激发广大高校学生管理工作者有针对性地学习有关科学理论的积极性。另外，还可以经常开展理论咨询、讨论等多种活动，组织学生管理工作者分析学生管理过程中出现的实际问题，总结实践经验，进行理性概括。这样，就有可能通过研究实际问题提高学生管理工作者的理论修养和各方面的素质水平。

（三）加强考核制度，实施奖励政策

高校要结合本校实际对学生管理干部定期进行考核，考核内容不仅包括管理知识和专业知识，同时还应评估其管理工作技能和实践能力，从而形成外部压力，推动其不断提升自身素质修养和管理水平。对于一些在学生管理岗位上进行学生管理研究并取得成果，同时在管理实践中作出成绩的同志，授予相应的技术职务；对干部晋升，不仅依据其已有的工作成绩，而且还要有高水平的综合素质修养要求，并以此来测定和推断其对新的重任可能承担的最大系数。对在学生管理领域的研究工作中取得显著成绩和优秀成果的管理工作者，应与取得其他科研成果的工作者给予同等对待，给以相应的表彰和奖励。

第三章　高校学生管理工作的探索创新

本章主要讲述的是高校学生管理工作的探索创新，将从以下三个方面进行具体论述：高校学生管理理念的探索创新、高校学生管理制度的探索创新和高校学生管理模式的探索创新。

第一节　高校学生管理理念的探索创新

一、高校学生管理理念创新的意义

（一）高校教育创新的意义

1. 高校教育创新是时代发展的要求

当前，世界正处于科技飞速发展和知识经济崭露头角的阶段，全球竞争愈发激烈。随着时间的推移，在社会发展当中，人力资源的重要性突显出来，已经超越物质资源，占据第一资源的位置。面对人口增长，我们必须优先关注和提升人们的素质，尤其需要重视创新精神和实践能力。当下，科学技术的发展动力主要来源于科技的创新，国际竞争归根究底比拼的是人才的数量和质量，比拼的是民族创新能力。人才是科技创新、知识创新和民族创新能力提升的核心。教育是人才成长的关键，尤其在高等教育阶段更加重要。作为人才的摇篮，高校在创新型人才的培养当中占据着尤为重要的位置，时代的发展要求着高校开展教育创新，通过教育的创新培养创新的人才。

2. 高校教育创新是社会主义现代化建设的需要

在新的时代背景下，我们要积极适应新形势，积极承担新任务，这就意味着当下最根本就是体制创新。我们应该重点强化政治、经济和文化体制改革，以此增强新的活力来促进三大领域的发展。理论创新和人的创新素质在其中发挥了决定作用，归根究底，体制创新是由创新人才的培养所决定的。社会中时时刻刻都在发生着知识的创新、传播和应用，这些活动较多集中在高校当中。高校是培养创新人才和培养民族创新素质的关键场所，为社会发展培养了一批批专业人才，提升了学生的综合创新素质，其科研教学活动还促进了知识和技术的创新。因此，要发挥高校为社会发展培养创新人才的作用。这就要求持续结合社会主义现代化建设需求，推进教育创新，培养创新人才。

（二）高校学生管理理念创新的重要性

1. 是新形势下做好学生管理工作的首要条件和客观要求

当下，社会主义建设仍在持续推进，在改革开放持续深化和市场经济持续发展之下，学生能够在更大的空间内了解、筛选和接受全球的思想和文化。

2. 是新形势下做好学生管理工作的逻辑起点和必要前提

过去我国的高等教育属于精英教育，而现今其正处于大众化发展阶段。因此，不仅要将学生放在接受教育的客体位置，还要将其视为管理服务的主体。一方面，在管理上要形成规范并严格执行；另一方面，要强化引导性、服务性。不能将意志统一作为目标，而要将学生权益保护作为要务；既要立足于集体和社会的视角，又要从个人发展需要的角度出发。

所以，高校学生管理的首要任务是创新管理理念，并以此为基础，将这种创新的理念运用到学校管理工作的大众化条件之中。

3. 是新形势下做好学生管理工作的应有之义和关键所在

虽然人才是经济建设的关键因素，但是他们需要被社会认可，变成生产力，才能产生效益。理念的改变和时代的变迁相互促进和影响，它们之间已形成不可分割的联系。正确的理念引导着高校管理朝着正确的方向前进。因而，高校学生管理要推进管理理念的现代化。在高校管理中，学生管理是不可忽视的工作内容，需要工作者不断创新。所以，基于这个视角，对于管理来说，创新就是基石和前提，是推进管理水平提升的核心。

二、高校学生管理理念创新的重点方向

（一）高校学生管理工作应秉持人本理念

从人的精神解放或发展的角度而言，将人放在中心地位是人本主义思想更进一步的表现。人本主义思想的发展经历了三个不同的阶段，分别是超越自然（神）本位，超越人伦本位，以及以人为本。当人类超越了自然或神的限制，逐渐强调并确立人类的中心地位和优越性时，人类整体就获得了相对的自由。当人类超越传统伦理和文化束缚，个体价值和人身地位变得越来越重要，人类个体就获得了相对的自由。当人类进入以人为本层次，开始关注和强调每个人的独特价值，关注自身异化，并在不断否定自我的过程中，实现精神和肉体的相对分离，人类个体的精神就相对挣脱了肉体的束缚，获得了精神上的相对自由。所以，这一层次不同于第一层那种立足于人类整体摆脱自然崇拜和神灵崇拜，真正强调人类的价值是立足于人类个体，看重的是超脱于人伦文化之外的，人和人之间的自由和平等，在“个性主义”原则的指导下，充分发挥个体的价值。

以人为本正契合了马克思主义学说的基本价值追求。剖析马克思主义思想体系，可以发现其中存在两个相互依存、互为补充的价值目标——其一为构建共产主义社会制度；其二为在充分释放物质生产力、实现物质财富极大丰富的基础上全面发展的从必然王国走向自由王国的人。马克思在《一八四四年经济学哲学手稿》中阐述了他的人道主义理念，这也是他思想体系中的一项重要追求。在共产主义中，最终目的是让人们回归真正的人性。“这种共产主义，作为完成了的自然主义，等于人道主义，而作为完成了的人道主义，等于自然主义……”[①] 虽然马克思所设想的未来人主要是消除了体力劳动和脑力劳动之间的矛盾，能够在生产过程中各部门自由流动的人，但这一设想已经涵盖了人与自然、人与社会，以及人与人之间所有矛盾全部解决的愿景。根据人本主义的发展阶段，这可归为以人为本的层次，该层次是在超越自然

① 许华. 马克思社会和谐思想研究 [M]. 合肥：中国科学技术大学出版社，2014.

（神）本位、人伦本位之后的。这表明，在以人为本理念引导下开展高校学生管理并没有违背马克思主义，反而契合了其内在要求。以人为本需包含以下几点：第一，以人为本就是妥善协调人与自然的关系，包括确立人类的主体地位，以及坚持科学主义精神；第二，以人为本就是要妥善处理人与社会的关系，以及人与人的关系；第三，以人为本就是要协调人的身心关系，包括协调人的物质欲望和精神需求。

1. 高校学生管理工作中人本理念的含义

在高校学生管理中坚持以人为本，即为坚持以学生为本，应当在学生管理中着重突出学生的地位，不能将其简单看作被管理的对象，不能简单采取硬性管理措施，要强化教育、引导和服务，将学生管理工作从管理学生变为为学生全面发展、健康成长创造良好的外部环境，需着重发挥学生的能动性和主体性，采取措施激发其积极性和创新性，使其积极进行自我教育、自我管理、自我服务，需重视学生的自尊和人格，了解和理解学生的需求和想法，给予学生充分的信任。但是，以学生为本并不意味着弱化教师的主导性，反而应当积极发挥和强化其主导作用。在高校学生管理工作中，管理者作为管理的主体，承担着教育、管理和服务的职责。要做到以学生为本，管理者就应当积极承担责任，切实发挥作用，帮助学生成长，引导学生全面发展。以学生为本既要释放学生的主体性，又要强化教师的主导性，要让学生自我教育和自我管理，但不能放任自流、恣意妄为，这就加大了高校学生管理的难度。高校学生管理应当不断革新，以科学方法，进行科学管理，引导学生在正确的道路上前进。

要贯彻落实以学生为本，就应当将学生管理的主要任务明确下来，那就是促进学生的全面发展以及身心协调发展，为此提供良好条件，创造有利环境。要清醒地认识到高校工作的落脚点和核心在于育人，发挥教育育人、管理育人、服务育人的作用。学生管理工作更是如此，从实质上看，其要解决的问题即为学生发展的问题，需明确工作目标，明确育人目的，采取人性化的管理方法，为学生创造能够实现自由、健康发展的天地。为了促进学生的全面发展，学生管理要将德育融入工作的全过程，关注学生的身心健康，关注学生的创新能力、实践能力以及社会适应能力等，一方面要将创新教育作为管理的重心，另一方面不能忽视素质教育的要求。因而，应当着眼于第二课堂，发挥好指导、服务的功能，从而将学生培养成全面发展的、人格完善的、适应社会的人才。

要想追求以学生为本，学风建设就应该成为我们学生工作的着眼点。从根本上看，学生承担的任务就是成长、发展，而这要通过学习来实现，特别是要学习专业知识、技能。因此，为促进学生的成长和发展，学生管理就应当为学生的学习构建良好的外部环境，尤其要做好学风建设，将此作为以学生为本理念贯彻落实的入手点，促使学生管理工作和教学等工作联合融汇成一股合力，实现学生的全面发展。

要做到以学生为本，就需将指导和服务作为学生管理的突出功能，强化这两方面的作用。以往学生管理模式突出的是教育和管理的功能作用，随着教育改革的深化，当下需要基于教育和管理的强势功能，强化指导和服务功能，完善管理模式，形成指导、服务的管理体系，这不仅能够将以学生为本理念落实到实际工作，还能够对学生日益多样的需求进行满足。学生管理需采取科学的方法和模式，提升科学化水平，在日常管理中形成完善的制度和规范。为了更好地指导和服务学生，我们需要重视他们的自我教育。自我教育是实现教育最终目标的途径，但在实践过程中，我们还要适当引导和指导学生。学生工作需要提供更强的引导和支持，从而促进学生解决各种实际问题。

高校学生管理要以学生为本，就应当将育人放在核心位置，构建全员育人局面。应当对学生管理工作与其他工作的关系进行梳理，将其与教学、科研、后勤工作紧密联系在一起，从整体的视角对学生管理工作进行审视。这四项工作都是将育人作为主要任务，需发挥管理育人、教书育人、服务育人的作用，就必须将所有教职工的积极性激发出来，共同投入育人之中。此外，需完善责任制度，实行系（部）主任负责制，负责本系工作的开展，尤其要负责学生管理工作的开展，不仅要关注和了解这一工作情况，还应参与其中。学生管理工作的专职教职工的主要职责为学生的日常思想政治教育、学生行政管理、对学生的指导和服务、主持学生中的党团工作，这些工作需要做实、做细，才能够为全员育人发挥更大的作用。同时需发挥学生的主体性，使之积极进行自我教育、自我管理和自我服务，并在适当的情况下，将学校、社会和家庭在育人工作中联合起来，实现全社会育人。

2.“以人为本”理念是高校学生管理工作创新的灵魂和核心

第一，以人为本是适应当下教育发展形式的需求。高校发展要求学生管理坚持以人为本。在过去的计划经济形势下，高校教育是国家提供的，具有福利性质，其与学生之间的关系是较为单一的教育者和被教育者。当下教育改革持续推进，高校教育成本不再由国家一力承担，而是由学生分担一部分。学生不再只是过去国家福利的享受者，而是变成了投资者，为自己的教育投资。学生缴纳费用，高校提供教育服务。高校是社会主义建设者的培养摇篮，为社会发展提供人才。其要坚持以人为本，才能够为社会发展源源不断地培养和提供人才。以人为本有着坚实的社会基础，也是社会形式的要求。

第二，以人为本是学校管理工作的内在要求。从实质上看，培养学生的思想道德素质，就是塑造学生的人格，要对其思维、判断和实践能力进行培养和提升。这种培养和提升实际上是学生主体在发挥主要作用，外界的帮助是通过发挥学生的主体性实现的。所以，要观念先行，以正确的理念引导正确的实践，教职工需正确而全面地明确学生管理的根本目的，将工作的落脚点放在培养学生的思想政治素养、正确价值观和道德素养上。这就意味着需发挥学生的主体性，使之积极参与学生管理，而这正需要通过坚持以人为本才能够实现。

第三，将以人为本落实到实际工作中，需要将学生管理和思想政治教育充分融合，即借助学生管理工作推进思想政治教育。一方面以管理制度对学生的行为作出规范和约束；另一方面发挥思想政治工作的思想引导，发挥他律和自律结合的力量。在学生管理中，忽视思想教育，就会导致管理手段过于强硬和粗暴，容易激发学生的负面情绪；在思想教育中，忽视学生管理，就会导致教育方法过于软绵，难以发挥切实作用。当下，高校需坚持“立足于教育、辅之以管理、寓教育于管理”的思想政治工作原则，在学生管理中注重学生的思想教育，在思想政治教育中采取学生管理方法，使两者有机结合，相互依托，对学生进行塑造、引导和规范。

学生管理要切实做到以人为本，就要求教职工形成以学生为本的理念，引导和鼓励学生独立思考和自我教育，结合学生发展的阶段性规律和现实需求，基于现代复杂的信息环境，通过柔性措施激发学生的积极性和主体性，使其主动参与教育和管理工作，从而形成正确的“三观”。此外，对于学生管理，要坚持创新，管理形式和内容都要与时俱进，革新管理理念，采取新的管理方法，结合实际调整管理内容等。

3. 高校学生管理工作中人本理念的基本要求

对于以人为本理念，学生管理若要切实落实，就需要尊重和信任学生、关怀和爱护学生、培养和激励学生、服务学生，将根本目标放在促进学生健康成长、成才，促进学生全面发展上。

首先，要尊重和信任学生。以人为本的核心就是管理者对人的尊重和信任。尊重和信任学生就是充分尊重学生的人格、自由、权利，尊重学生的独立性和创造性，要积极地、有意识地鼓励和引导学生自己去摸索，让学生学会学习。这里的尊重与信任，并不是在管理上对学生不理不管，放任自流，而是以一种更积极认真的态度，把参与管理变为学生自身的一种需求，充分信任学生的自我管理能力、自律能力和相互协调能力，以激发学生学习和生活的热情，在尊重和信任学生的基础上体现严格要求。管理者在与学生的交往过程中，应该成为学生的良师，对学生进行思想品德教育和行为准则教育，教会学生如何做人，同时还应成为学生的益友，在学习和生活上指导学生健康成长，帮助学生解决实际困难，维护学生的合法权益。这种良师与益友的关系在很多场合是交织在一起的，贯穿于学生管理工作的整个过程。

其次，要关心和爱护学生。要针对学生的特点，采取适应学生的有效措施，主动关心学生在学习中遇到的困难，及时为学生提供指导与帮助，关心学生的身心健康，经常与学生谈心，解除学生的一些思想负担，积极组织开展多种文体活动，关心学生的生活困难，帮助学生克服和解决一些实际困难，关心学生的权利，在奖学金评定、评选先进、选拔学生干部、发展党员等方面增加工作的透明度，并力求做到公正、公平、公开。

（二）高校学生管理工作应秉持契约理念

1. 引入契约理念的必要性

高校和学生之间的民事服务关系是一种平等的民事契约关系。学生享有完全的自由、平等权利，有权要求学校提供高质量的服务。例如，高校在收取学生缴纳的学费、住宿、生活用品、网络服务、餐饮等方面的费用后有义务按承诺提供相应的产品与服务。高校在特定范围内，特别是在确立、变更、终止民事权利与义务关系的领域，如高校提供住宿、学生缴纳费用，学生提供一定劳务、学校支付一定劳务费等，通过高校或高校职能部门与学生之间订立民事契约，达成一定目标，已成为世界各国普遍采纳的方式。从同为民事主体的角度来看，学校和学生之间应该是一种平等的关系，双方既有权利又有义务。学校在拥有对学生的管理权的同时，学生也拥有维护自己权益的权利。学校不再拥有绝对的权威，学生也不再是完全的被管理者，二者之间具有平等的地位。

高校与学生行政契约关系的建立，使学生可以真正参与到高校事务中来，体现学生的主体地位，不仅可以减少潜在冲突的发生，而且可以改善高校与学生的关系，建立彼此合作、相互依赖、相互尊重、平等对话的良性互动关系和双方主体间的伙伴关系。

契约的应用与缔结，使高校与学生在契约的维持下保持持续、稳定的协作关系，有利于学校秩序的稳固化。

2. 契约理念的基本要求

高校与学生之间契约的本质，既是高校用来维护教育教学秩序的手段，又是学生对高校权力进行限制的方式，这对高校以及高校学生管理工作者提出了新的要求。首先，要求高校平等对待学生。把契约的平等精神引入教育行政领域，让学生在与学校具有平等地位的前提下商议教育行政目标的达成，使教育行政减少不平等与特权性的因素。契约的基础是双方主体地位平等、协商一致，契约的形成过程是民主的过程，契约充分体现了民主的本质和特性。在学生管理中引入契约理念，不仅与依法行政具有相容性，而且可以凭借契约手段灵活应对学生管理中出现的复杂、动态和难以预见的问题。其次，要求高校尊重学生的意志。把契约的自洽精神引入教育行政，使学生有选择的权利，进行商议的过程也是其利益权衡的过程，选择是契约精神中的应有之义。通过选择建立沟通渠道，这也是行政契约突出的优点和功能。而一般行政行为缺乏沟通功能。契约作为一种制度、观念、方法，已在行政运行秩序中得以建立、吸收和广泛应用。最后，要求高校重视学生的权利。在行政契约中同样有相对人——学生的权利。通过行政契约使高校更加尊重学生权利，同时通过学生权利的实现来制约高校的权力。

在高校学生管理中强调契约精神，重视契约观念、契约手段以及契约制度，并不意味着完全以契约取代权力。高校的学生管理权力在教育法中仍然存在，并发挥着应有的作用。由于契约意味着人性尊严、平等诚信、公正责任等，因此契约在高校学生管理中的引入，可以增强高校与学生的协作，提高学校教育服务的水准。

（三）高校学生管理工作应秉持开放理念

1. 开放理念在高校学生管理工作中的重要意义

学生的教育管理工作应贴近学生的学习和生活，帮助他们解决成人感与孩子气、求理解与易闭锁、尚理智与好冲动、理想化与现实性、社会多样化与信念一元化等困惑，帮助他们在包容多样中形成思想共识，在理解变化中促进健康成长。只有这样，高校学生管理工作才能得到有效的改进。高校的学生教育管理工作是一个具有特定功能的组织系统，开放是其重要特征。高校学生教育管理目标的实现和任务的完成取决于学生教育管理系统内部要素的合理建构和外部环境的物质转移、能量循环和信息交换。高校学生管理工作的开放，一是指其系统内部的相互开放，即理性提升的教育系统、规范强化的管理系统、学习生活的服务系统等子系统有分有合，资源共享，互为利用，从而促进资源配置和利用效率的提高。二是指其系统的对外开放，即对社会开放。一方面接受社会辐射，积极扬弃，争取资源；另一方面发挥高校思想高地的作用，影响社会，引领发展，增进和谐，促进学生教育管理水平的提高。因此，在改革开放的历史条件下，做好高校学生教育管理工作，需要强化开放的理念。

2. 高校学生管理工作中开放理念的基本要求

首先，应牢牢把握高校学生管理工作开放的方向性。一是要坚持用马克思主义中国化最新成果武装学生头脑、指导学生实践、推动学生工作，牢牢把握学生教育管理的指导权、主动权、话语权。二是要牢固树立中国特色社会主义的共同理想，引导学生自觉在党的领导下，走中国特色社会主义道路，为建设富强、民主、文明、和谐的社会主义国家而勤奋学习，建功立业。三是要大力弘扬民族精神和时代精神。民族精神和时代精神是社会主义核心价值体系的精髓，只有大力弘扬民族精神和时代精神，才能使青年学生始终保持昂扬向上的精神状态。四是要深刻认识社会主义荣辱观的科学内涵，真正弄清其与社会主义市场经济相适应、与社会主义法律规范相协调、与中华民族传统美德相承接的深层关系，科学把握其先进性导向、广泛性要求和群众性基础的内在统一，促进社会主义道德体系在学生心中扎根。

其次，应突出高校学生管理开放的主导性。一是要重视思想政治理论课教学在学生管理中的主体地位。应根据高校学生的认知特点，不断丰富教学手段，加强实践教学的环节，强化课程研究，确保讲出新意和特色、说出深度和规律，讲出学生想听的和教师想说的，提高教学的针对性和实效性。二是始终坚守思想政治教育的学生管理工作主阵地，坚持贴近实际、贴近生活、贴近学生的原则，把学生公寓建设成融思想教育、行为指导、生活服务、文化熏陶为一体的“第二课堂”。加强思想政治教育主题网站建设，综合运用技术、行政和法律手段，全面加强校园网络管理，防止有害信息在校园网上传播。

加强网络管理工作队伍和网上评论员队伍建设，掌握校园网舆情，引导网上舆论。三是要切实开展好党团组织活动、高品位的校园文化活动、高校学生社会实践活动、科技创新创业活动和体育活动，引导学生在活动中受教育、长才干。四是要重视学生管理工作队伍建设。做好学生教育管理工作只靠经验和热情是不够的，必须有一批从事学生教育管理的高水平专家。应从制度、政策、人事编制、职务职称序列上鼓励一些德才兼备又有奉献精神的同志去从事学生的教育管理工作，让他们真正把这项工作当作一项事业、当作一门学问、当作一个可以建功立业的岗位去钻研和奋斗。

最后，应强化高校学生管理工作开放的基础性。大学是引领文化潮流、传播科学思想、开创文明新风的地方，倡导和谐理念、培育和谐精神是现代大学精神的应有之义，应该担负起和谐社会首善之区的使命。在建设社会主义和谐校园中要发挥高校学生教育管理工作的思想导向作用，奠定和谐校园建设的强大思想基础；要发挥高校学生教育管理工作的价值引领作用，倡导和谐校园的正确价值取向；要发挥高校学生教育管理工作的道德规范作用，构筑和谐校园的坚强道德支撑；要发挥高校学生教育管理工作的文化建设作用，形成促进和谐校园的文化环境。

三、高校学生管理工作理念创新的实现途径

（一）加强高校学生工作者队伍建设，提高学生管理者的基本素质和理论水平

努力建立一支高效、精干、稳定、专业的学生工作者队伍是做好学生管理工作的关键，是实现学生管理工作理念创新的根本。学生工作者要培养和造就高素质人才，自身必须具备较高的政治思想素质、合理的知识结构和较强的能力素质，并有较完善的自我形象和人格力量。作为学生工作者，如果放松了学习，思想就会落后于形势。因此，学生工作者要突破以往的思维定式，适应时代和高校发展的要求，重新定位自己。只有这样，才能担当培养

合格的社会主义建设者和接班人的重任，开创高校学生工作新局面。面对社会发展的复杂化，学生的学习、心理和就业等压力的加大，学生工作者队伍的地位和作用变得越来越重要，社会对这支队伍的要求和期望值也越来越高。一所学校纵然要有许多学识渊博、造诣精深的教授、学者，要有许多先进的教学科研设备和优美的校园环境，但如果没有高素质的学生工作者加以管理和教育，也难以培养出高质量的创新型人才。高校学生工作者作为思想政治工作的主体，在高校思想政治工作中发挥着十分重要的作用。学生工作者是学生思想政治上的向导，是学生学习上的督导，也是人际关系上的协调者和生活上的关心者。学生工作者独特的人格魅力在学生中具有一定的示范作用。学生多数是远离家乡、父母，缺少关怀照顾，他们需要有人关心，更需要交流、沟通。多数学生从心理上把学生工作者作为自己的知己，学生工作者往往以师长、朋友的身份处处关心、体贴学生，为他们做好服务，使学生在润物细无声中愉快地学习、生活，健康成长和成才。

只有树立强烈的社会责任感和为人师表的爱岗敬业精神，才能在教学和教育工作中自觉地把方便让给别人，把困难留给自己，以苦为乐，以苦为荣。要正确地面对竞争，在工作中要增强危机感、紧迫感和责任感，增强主动性、积极性和创造性，增强对风险、失败等的承受能力，始终保持清醒的头脑，做到胜不骄，败不馁，使自己的心态经常处于平衡状态。要敢于竞争，善于竞争，同时还要引导高校学生树立积极的竞争观，并通过竞争培养高校学生的顽强拼搏精神。要具备积极的创新教育观念。高校承担着培养和造就创新人才的重任，要通过创新的机制，保证教育内容、教育方法、教育载体、教育渠道上的创新，努力培养出广受社会欢迎的高素质创新人才。一要重视制度的创新。学生工作者要尽快转变传统角色，用规范的管理和高质量的服务影响学生，构建民主和平等的师生关系，确立学生在教育和管理工作中的主体地位，逐步把学校教育管理工作的重心向学生主体转移。要将教育、管理和服务功能相统一，强化服务理念，突出服务功能，更加自觉、主动、积极地为学生服务。二要注重教育内容的创新。学生工作是育人的工作，学生教育工作内容必须随着学生的思想变化而调整。对目前的高校学生来说，他们已不再满足于传统的理念和模式，在实际教育中有时难以取得好的效果。可以借助易被学生接受的具有时代感的文化思想打动学生，但必须坚定不移地坚持弘扬主旋律，实现以科学的理论武装人、以正确的舆论引导人、以高尚的情操塑造人、以优秀的作品鼓舞人。三要不断探索教育方法的创新。要讲究工作方式方法的艺术性。必须树立“以人为本，学生至上”的观念。开展广泛的调查研究，切实解决学生中存在的苗头性、倾向性问题，并以自身的实际行动成为良好校风的建设者和维护者。把解决思想认识问题与解决实际问题相结合。充分运用现代化的传播手段，达到应变及时、有效控制思想舆论阵地的目的。四要具备强烈的信息意识。高校学生工作者只有具备了强烈的信息意识，才能学会和善于收集信息，并运用现代化的网络技术获取所需信息，根据信息判断、推理、筛选出有价值的信息，再对信息进行检索、分析、利用，从而为学生工作的决策提供依据。学生工作干部在提高自己的同时，要注意培养高校学生开发信息、存储信息、处理信息和转化信息的能力。要认识到教学与教育过程就是一个双向信息交流的过程。正确认识和处理这种双向信息交流，并使信息交流渠道通畅，是完成教学、教育、管理任务和提高质量的重要条件。因此，必须加大信息应用力度，把学生思想教育工作的领地推向网络前沿，将网络的宣传、教育功能有效地引入思想教育和管理领域。

（二）创新学生管理工作的方法

首先，应借鉴相关学科的知识和经验，拓宽学生管理工作的研究视野。在继承党的思想政治工作优良传统的基础上，借鉴和吸收相关学科的研究成果和方法，拓宽研究视野，深化理论认识，从而不断开创新形势下学生管理工作的新局面。更值得关注的是，目前，学生管理研究已不局限于社会科学的借鉴，而开始关注自然科学系统论或生态学视野下的学生管理。尽管这一探索还有待实践来检验，但这种理论探索的精神还是值得我们拥有的。其次，应注重以实证研究的方法检验学生管理理论的科学性。传统的学生管理研究方法主要是采用以思辨为基础的理论研究和逻辑研究。广泛地使用实证研究方法是对学生管理研究有益的补充。实证研究就是根据现有的材料进行统计、分析、实验，通过量化的、精确的测试得出结论，其中包括编制调查问卷、量化模型数量分析、矩阵概率数学方法等，以此客观真实地了解和反映高校学生的思想现状与特点，坚持定性与定量的方法相结合，真正实现学生管理决策的科学化。

第二节　高校学生管理制度的探索创新

一、高校学生社区化管理的探索创新

（一）高校学生社区的内涵及社区化管理产生的背景

1. 高校学生社区的内涵

随着我国高校改革的进一步深入，以寝室为单位的学生社区的地位日益突出。学生社区是社区概念在学校管理中的反映，学生社区是高校学生在校学习、生活、休息的基本活动场所。社会学研究表明，社区首先是一种地域上的存在，其次“它的实质是人的聚居与互动”①。就第一层意思而言，社区的特点是居民的共同居住；第二层意思则表明社区具有文化功能。学生社区也是一个社区，就一所高校而言，它是指这所高校的所有寝室和周边环境（学生公寓），以及这种环境所能达到的最大的育人功能。

文化功能更多地表现为社区人文环境与居民生活的相生相融。学生社区在文化功能上还要承担更多的责任，要确保“文化为了教育，教育为了学生”，它具有更加鲜明的目标和内容指向。

学生社区是附属于学校的，由定期流动的学生和相关管理人员组成，在具备相应的物质功能的同时，还应形成相应育人功能的一类特殊形态的社区。它不单有显而易见的区域含义，同时也具有育人的功能，即通过整个学生社区成员（主要指学生）的积极参与和依靠学生社区的创新精神来完成其育人功能。同社区一样，“学生社区”一词也有一种温暖的劝说性意味，是一种情感力量，让学生具有对物质环境的归属感。在同一学区里，不同学生的关系

① 刘伦. 高校学生管理制度创新探索 [M]. 重庆：重庆大学出版社，2006.

建立在相互依存和互惠的基础之上，这种互惠和相互依存是自愿的、理性的，是通过自主参与实现的。学生参与是学区存在的反映，只有通过学生参与才能使学生的多样性以及他们归属学区的不同方式具体表现出来。

2. 高校学生社区化管理产生的背景

适应学生群体特征，加强和深化高校思想政治工作，需要一种更切合实际、具有实效的教育管理新模式。高校学生思想政治工作者，必须根据变化的情况，及时调整工作思路，作出应对之策。面对高等教育的日趋现代化和国际化，特别是教育教学改革的不断深化，高校改革向纵深发展的新形势，高校学生社区管理如何坚持社会主义办学方向是一个值得认真研究和探索的重大实践课题。近年来，很多高校在开展党建与思想政治工作以及日常教育管理工作方面，与时俱进，不断创新，探索出了一条符合形势发展要求和高校实际的学生教育管理新道路，即高校学生社区化管理。高校学生社区化管理是加强和深化当今高校学生思想政治工作的需要。

（二）优化高校学生社区化管理的对策

高校学生社区化管理无论是作为高校适应社会发展还是内部区域管理，抑或是对学生进行方向性教育的过程之一，都有着十分重要的现实意义，应如何在现有的基础之上展开这方面的建设呢？

第一，借鉴国内外高校学生教育管理模式，不断加强实践探索和理论创新。自觉地将学生社区建设纳入学生管理工作中，并给予其应有的地位，学生社区培养社区现代公民的育人功能才有实现的可能。因此，要加强理论建设和创新一定要贯彻开放办教育的理念，不断增强学习意识与开放观念，不断加强理论建设。高校学生社区化管理需要改革者的开放观念和博大胸怀，通过不断比较，促使在社区化管理的过程中自觉主动地探索理论，积极准备改革所需的条件，应提倡各高校之间的交流与合作，互促互进，在实践中不断积累宝贵经验，应夯实理论基础，加强理论建设创新，为高校学生社区化管理向纵深发展而共同努力。

第二，完善运行体系、解决机制问题是社区化管理的关键所在。机制是不可或缺的软件，建设好学生社区需完善三大机制，即学生社区的运行机制、学生社区的志愿者参与机制和学生社区的内部激励机制。

学生社区的运行机制是学生社区得以正常运转的前提。运用学生社区公共设施和相关权力，以满足服务需求为目标，不断提高服务质量，保持服务的功能成本，长期维持服务的再生产，这种周期性的进程状态即是学生社区的运行机制。这一机制本身说明学生社区组织的非营利性，或者说非营利性是学生社区行为的特征，是学生社区自我服务、自我调节功能的体现。不断地实现这一机制良性运转的关键是服务质量，服务质量也是确立学生社区形象的基础，是学生社区存在必要性的证明。

学生社区的志愿者参与机制是培育学生社区人文生态环境的深层次社会文化问题。在学生社区中建立一支具备一定数量和质量的志愿者队伍不仅是一种管理现象，更是一种文化现象。事实上，志愿者本身即是社区意识的内在有机组成部分，是社区成员积极参与社区事务的显性表现。在学生社区，志愿者的行为是建立一个以人为本、文明互助、共同参与的和谐学生社区的重要途径。

学生社区的内部激励机制是学生社区凝聚人心、发挥作用的保证，学生社区的非营利性能否像企业一样产生关注效率的动力呢？其一，非营利性组织的动力主要在于获得居民的满意和社会的认可，这是一种深层次的心理需求。市场经济导致人们为利而动，在这种情况下，为他人和社区努力工作的人尤其会得到他人和社会的尊重。其二，个人运用社区职能通过解决社区矛盾进而解决个人问题是弥补个体力量薄弱无法对抗集团侵害的有效途径。一个发育良好的学生社区环境通过事务公开化、透明化，将工作者的各种努力、困难、成绩和失误显现出来，靠来自外部的反应去推动自己努力改进工作，从他人眼中看到自己的状态，从而调整自己的行为，进而完善自我，即学区的内部激励机制。

第三，教育管理结构和“管”“教”关系的调整和平衡。学生社区建设是一项系统工程，必然需要对原有学生社区管理结构进行调整，科学处理教育和管理的职、责、权关系。必须结合高校实际对原有学生工作进行结构性调整，并建立健全相应的规章制度，处理好管理载体、教育平台、育人方式等全方位的问题。以结构调整作为切入点是一个比较可行的思路。要处理好以下几个关系：

1. 各级学生社区与社区总管理委员会之间的纵向关系

各学生社区管理委员会在人事安排上是一致的，都是根据三大职能安排负责人。学生社区总管理委员会由专职政工组成，负责相关政策制定、处理学生社区与校内外各社会机构关系、领导学生社区等工作。各分委的工作重点落实在学院一级，它依托学生专业而保持相互之间的独立性，同时与总管委保持一致性。各支委是学区管理的基层组织，直接与楼层和寝室发生联系，同时也可在力所能及的范围内与相关单位交涉学区事务，因此，也应具备相对的独立自主能力。

2. 校学工部门、团委与学生社区总管委的关系

学生社区总管委是校学工部的职能部门，是学生社区管理中具有实权的管理层次，尤其在实现学生社区的维权功能方面，其作用更加明显。学生社区主要通过总管委实现与相关部门的平等对话，解决实际问题。团委介入学区管理，主要体现在对学区成员的思想教育与严格管理方面。各学院的学生工作办公室的主要负责人一般也是学院的团总支书记，因此，共青团这条线的介入有利于加速形成一支由各院（系）团总支专职干部、各学生辅导员组成的宿舍思想教育、纪律管理、寝室内务管理队伍，有利于各项活动的协调，保证宿舍后勤管理的顺利开展。同时，团委是学生思想政治工作与校园文化工作的主角之一，团组织又直接指导各级学生会组织，有利于将寝室文化活动纳入整个校园文化建设中去综合考虑，从而引导寝室文化向高层次发展。

3. 校学工部门与社区的关系

对于单一高校组成的学生社区而言，这层关系可以体现某种专业特色。以专业安排学生寝室的高校，可使整片宿舍区基本上也成为一片专业区，很多基层工作需要这一层面来组织和解决。高校学生工作部可以通过本校学生会来协调与支委的关系，这其实也是将基层学生工作重心由班级向寝室转移

的一种方式，从而使学区成为校园内各项学生活动展开的活跃区域。对于由多所高校组成的大学城而言，这种关系还必须增加一层关系，即各学校学工部门与大学城管委会之间的协调关系，各类管理工作与活动除了考虑本校的相关特色外，还应与大学城管委会协调，通过管委会与大学城内其他高校协调，使其活动或管理产生更大的规模效应。

4. 根据学生社区职能，设立相应的管理机构

从人事角度处理，在大学城管理总委、分委、支委上各自安排人员以执行这三大职能。学生社区管理支委设学生社区区长一名，副区长一名，志愿者队长一名，也可根据实际情况适当增加管理人员数量，从而形成学生社区区长、志愿者队长、楼长、寝室长为主的学生社区管理基层机构。校院级学生社区管理机构可在原有学生寝室管理机构（例如，寝室管理委员会等）的基础上合理增加或加强学生社区的相应职能（例如，学生权利维护等）。这种管理方式并未对原有的学生管理结构做大幅度的调整，从而使其更具有现实的可行性。学校、学院、楼层（或公寓）三级管理有助于发挥三者的不同优势，校学工部、院学工办和院学生会的介入使学区工作顺利地纳入原有学生工作轨道，从而保证原有学生工作的连续性，方便学校相关部门对学区工作进行帮扶指导。当然，这种管理布局也不是适合所有院校，对于学分制下学生打破专业界限随机生成寝室成员的高校，这种方式便不适用了。对此，还有一种更加彻底的解决办法，即学生会组织直接设立在各个学区之上，由校学区管理委员会和校团委直接指导各个学生社区的工作。

5. 制度和机构设置要同步

为了学生社区工作的顺利开展，制定诸如《学生社区居民公约》《学生寝室管理条例》《学生社区安全保卫制度》《干部教师联系学生社区制度》等相关制度是必需的。但从目前学生工作的状态来看，能否保障学生社区管理委员会具有相应的学区管理权利，能否保障学生作为学区居民与学校、后勤等部门具有平等对话的权利，以及能否保障学生通过民主渠道参与学区乃至学校相关事务，是影响学区生命力的决定性因素。

二、高校学生社会实践的探索创新

（一）高校学生社会实践的重要意义

1. 高校学生社会实践的含义

高等学校对人才的培养途径是多种多样的，正确引导学生参加社会实践就是其中重要的一种。在早期的大学里，人才的培养主要是通过在课堂上系统地传授理论知识来达到的。随着社会生产力的不断提高和发展，对教育和人才培养也设立了新的目标。因为现代化的生产过程不仅要求人才掌握大量的理论知识，而且还应该具有较强的动手能力和创造能力，具有科学的社会观和责任感，具有较高的道德素质和心理素质，这些方面仅仅靠课堂教学是难以完成的。所以，现代工业产生后，社会实践就作为一种重要的教育方式被引进大学的教育过程，其重要作用日益引起人们，尤其是教育工作者的重视。

高校学生社会实践是一种以实践的方式实现高等教育目标的教育形式，是高校学生有目的、有计划地深入现实社会，参与具体的生产劳动和社会生活，以了解社会、增长知识技能、养成正确的社会意识和人生观的活动过程。高校学生社会实践是高等学校教育活动的重要环节，与课堂教育相辅相成，共同完成高校的人才培养任务，实现学生的全面发展。

2. 高校学生社会实践的重要意义

（1）是高校学生树立科学世界观的需要

世界观是人们对世界的一般看法和根本观点。任何正常的人在其生活的过程中都会形成自己的世界观，但由于个人生活环境、所受的教育和影响不同，人的世界观也有很大差异。总的来说，世界观有正确和错误之分，而将正确的世界观理论化、系统化就成为科学的世界观。怎样保证高校学生形成正确的世界观并使之科学化呢？主要靠两个方面的努力：一是高校学生要经常与社会接触，不断突破事物的表面现象，探索事物的本质，从而不断校正原来从现象上获得的肤浅的或错误的认识，使自己的认识符合事物的本质及规律；二是要对高校学生进行系统的思维训练，通过学习前人正确的世界观理论，了解人们在世界观上容易走上歧途的种种可能，让高校学生对自己的世界观进行经常性的反思，并不断地充实新的科学内容。因而，社会实践对高校学生建立科学世界观很有必要。

第一，参加社会实践活动是高校学生确立唯物主义历史观的需要。高校学生正处于青年时代，可塑性很强，是世界观、社会历史观形成的关键阶段。高校学生系统的专业知识学习和思维训练，对于形成唯物主义历史观固然是大有帮助的。让高校学生走出校门，深入社会生活，在社会实践中了解社会，从实践中发现真理，在实践中发展真理。只有这样，才能使他们的历史观与现实生活相符合。

当然，社会实践中接触的都是具体的社会事务，不可能通过一两次实践就改变了对社会历史的看法。

不过，处在形成过程中的高校学生的历史观是容易发生变化的，一旦接触了较多的社会事务，加以正确的引导，就会使他们的历史观发生转变。我们知道，从政治理论课上学习历史唯物论只能学到“知识”，而要使知识转化为信念，使所学的理论真正转化为学生的历史观，必须通过社会实践。

第二，参加社会实践活动是建立科学的人生价值观的需要。正如马克思主义哲学原理教科书中所指出的，“共产主义世界观和人生观又不是仅仅在书斋里、课堂上所能完全树立起来的，还要在生活实践中经受各种锤炼”①。马克思、恩格斯的人生观转变不是在课堂上，而是在社会实践中。刘胡兰、王进喜、郑培民、任长霞等英雄人物的人生观也不仅仅是从书本上学到的，当代高校学生的人生观形成也是如此。通过开展高校学生社会实践活动，我们发现社会实践活动对高校学生形成科学人生观至少有如下的作用：首先，它可以帮助高校学生摒除理想中不符合实际的因素，使他们正确对待个人与社会的关系，培养踏踏实实的工作作风；其次，它可以帮助高校学生锻炼坚强的意志，培养无私奉献的精神；最后，它可以帮助高校学生接近群众，深入群众，为走与群众相结合的道路打下良好的基础。

---

① 左开大，林瑞英．马克思主义哲学原理 [M]．北京：法律出版社，2003.

第三，参加社会实践活动是培养社会主义信仰的需要。高校学生在不久的将来，就会踏上工作岗位，肩负起实现中华民族伟大复兴的历史使命。因此，培养高校学生的社会主义信仰是高校学生思想政治教育的首要任务。而对社会主义的感情仅靠读书是得不到的，必须通过从社会主义给中国带来的巨大变化、给广大人民带来的实惠中亲身感受和体验。

（2）是提高高校学生能力的需要

实践是唯一桥梁。只有通过实践活动，才能使书本知识与实践操作合二为一。事实证明，通过开展社会调查、科技咨询、信息服务、义务劳动等社会实践活动，不仅可以使学生的智力资源得到直接的、有效的开发，达到分数与能力的统一，书本知识与实践的结合，还可以使个性不同的学生通过实践活动各获所求，各取所需，“缺什么，补什么”，从而有效地完善了现行的教学方法，弥补了高校学生自身的弱点和不足。

（3）是知识分子与工农群众相结合的需要

回顾历史，凡是有所作为、有所创造的青年和知识分子无不投入到轰轰烈烈的社会实践中。许许多多的政治家、经济学家、教育家、军事家、文学家等都是在社会实践活动中茁壮成长起来的。他们在实践中身体力行，为我们提供了光辉的典范。所以，只有广泛、深入地参加社会实践活动，和广大工农群众相结合，才是高校学生健康成长之路。

（4）实现社会主义现代化建设的需要

当代的高校学生，将成为我国社会主义现代化建设的骨干力量，按照党中央制定的规划和到2035年的奋斗目标，我们国家的社会主义建设任重而道远。高校学生参加社会实践，可以在社会主义物质文明、精神文明、政治文明建设中大显身手，在专业知识的社会实践和树文明新风的社会实践中促进政治、经济、文化的平衡发展。

（5）是高校学生社会化的需要

社会化是指个人与社会生活不断调适，使个人由“自然人”发展为“社会人”的过程。高校学生正处于社会化的最后阶段，显然，在许多方面已趋向成熟，但为了适应社会生活，仍需进一步学习。社会实践可以增强高校学生的社会责任感。很多高校组织学生到基层开展社会实践活动，这使学生提高了对改革的复杂性和艰巨性的认识，增强了他们的社会责任感。在社会实践中，越来越多的高校学生认识到，社会需要的不是冷漠的旁观者，也不是抱有同情心的捧场者，需要的是热情的、直接参加这项伟大建设工程的人。通过社会实践，许多高校学生自觉并充满激情地投入到学习、生活和工作中。社会实践可以推进高校学生实现社会角色转变。社会实践活动能够帮助高校学生找到自己和社会要求之间的差距，看到自身知识和素质上的缺失，启发学生对自己进行重新认识和正确估价，重新确立自我价值实现的基点，在纷繁复杂的社会中找到个人和社会的最佳结合点。社会实践可以促使高校学生与长辈们的沟通代际关系。在社会实践中，高校学生以普通劳动者的身份，直接参加社会财富的创造活动，培养了他们尊重劳动成果、尊重父辈们的思想感情。总之，在社会实践中，两代人可以相互沟通和相互理解，消除对彼此的偏见，进而有效地促进两代人的有机结合。

（二）高校学生社会实践的实施

1. 高校学生社会实践的形式

（1）参观型社会实践活动

参观型社会实践活动通常是组织学生到风景名胜、工厂参观考察、座谈了解，对学生能起到一定的教育作用，增进学生之间的友谊，加深学生对祖国大好河山的了解，真正达到受教育的目的。于是，一些学校就把这种社会实践活动作为对优秀学生或学生干部的奖励，组织少量学生参加。

（2）活动型社会实践活动

活动型社会实践以文化、科技、卫生“三下乡”为主，通常做法是学校与某地联合，在某地以学校为主，组织一台甚至几台文艺演出，动员群众前来观看，或组织大型的科技咨询、文化宣传、医疗服务活动，场面宏大，气氛热烈，影响也较大。目前，这种社会实践活动已成为学生社会实践活动的主要形式。

（3）生产型社会实践活动

生产型社会实践以高年级学生、研究生参加为主，他们参加生产活动的某一环节，成为其中的一员。一方面，利用自己已有的知识促进生产的发展；另一方面，在实践中学到了书本上没有的知识，相得益彰。这种社会实践活动花钱不多，但效果实在，达到了帮忙不添乱的目的，有较强的生命力。

（4）课题型社会实践活动

课题型社会实践活动通常是在学校以教师牵头，各相关年级学生参加，组成课题小组，承担政府或企业的课题，通过广泛深入的调查宣传活动，对课题进行攻关。这种社会实践活动学生参加的积极性比较高，而且能得到一定的社会资金支持，也能长期开展下去。

（5）挂职型社会实践活动

挂职型社会实践活动主要是以组织的形式到机关、社区、乡村担任各种职务的助理，做一些社会工作。这种社会实践活动受到机关、社区、乡村的欢迎。

（6）学生自发型社会实践活动

学生自发型社会实践活动通常是学生在假期通过参加社会招聘活动、上门自荐活动等形式，参加到各种社会生产活动中去，除体验社会生活活动的酸甜苦辣外，还能利用自己的所长，在为社会服务的同时，取得一定的报酬，补贴学习或生活所需。这种社会实践活动除参加的学生较多外，学校支出也不是很大，应该进行鼓励。

（7）互动型社会实践活动

互动型社会实践活动的参与者既有高校学生，又有城乡基层的市民、农民。在活动中，他们互为参照对象，通过相互学习、相互帮助，不仅双方共同取得进步，同时也促进了社会主义政治文明、精神文明、物质文明建设。

2. 高校学生社会实践的内容与方法

（1）社会调查

深入城镇、乡村，开展社会调查、考察；深入城乡各地、部队、科研院所、企事业单位，开展社会考察和社会调查活动，从而引导学生了解社会、了解国情，同时对社会和企业的发展献计献策。社会调查和考察的直接目的是了解社会的实际情况，认识社会现象的本质及其发展的客观规律，是一种搜集和处理社会信息的方法，在现代社会具有越来越重要的作用。当前，高校学生社会调查逐渐向专题化、重效益、重应用方向转化。社会调查的内容很多，例如，可通过走访工农群众、干部、军人、知识分子等，开展对社会情况的调查，还可通过了解科技对经济和社会发展的影响，开展依靠科技进步及科学管理发展经济的专题调查等。并且社会调查方式也比较灵活，有文献调查法、访问调查法、问卷调查法等。

（2）科技服务活动

科技服务活动面向经济建设主战场，面向城镇社区、县乡的中小型企业、乡镇企业，结合所学专业，发挥技术特长，在教师的指导下开展科技攻关、工程设计、科技成果推广、科技咨询和技术服务等活动，使科学技术为现实生产服务。

（3）文化服务活动

深入城镇社区和乡村，开展文化培训、科普讲座、法律宣传和咨询活动，服务社区和乡村的两个文明建设。

（4）公益劳动和文明共建活动

公益劳动和文明共建活动包括校内公益劳动，校外社区服务活动，与企事业单位、部队、科研院所、乡村、居民委员会等单位开展其他形式的文明共建活动。

（5）互动活动

高校学生党员与城市社区党员、农村基层党员、企事业单位党员在建立党的先进性教育长效机制中的互动活动。

（6）信息服务

信息服务是指通过一定的途径，把人才、工农业、科学技术及社会生活等方面的信息资源的开发利用情况提供给被服务单位，并把被服务单位的信息传递出去，以期取得一定的人才效益、社会效益和经济效益。高校学生通过在校学习，掌握了一定的专业知识，可以通过开展信息服务，把信息资源的开发过程及成果传播到各个领域，进一步加以利用，在信息资源的开发利用之间架起一座桥梁。

（7）勤工助学

勤工助学对学生个人和国家都有重要的意义，它有助于对学生个人的成长和成才，它有助于对国家高科技人才的培养，有助于国家教育制度的改革和教育的不断发展。在假期，通过做兼职教师等工作，一方面，可以在一定程度上解决经济问题，另一方面，也是高校开展社会实践活动、培养学生自立自强精神的有机组成部分。

（8）教学实习

教学实习是教学计划内的社会实践，是在教学计划规定的时间内进行的，要求每个学生参加并取得学分，是实现专业培养目标、保证人才规格质量的必修课。教学实习包括认识实习、生产实习、毕业实习等，是理、工、农、医等专业高校学生社会实践的主要形式，是把生产劳动引入教学，对高校学生进行思想政治教育、职业道德教育、专业教学和职业训练的基本环节。

（三）高校学生社会实践的制度建设与创新探索

1. 高校学生社会实践的制度建设

高校把学生社会实践活动纳入整体教育计划，通过制定短期规划、长远规划和配套文件，形成一套完善的高校学生社会实践制度。它对实践活动的指导思想、方针原则、目标要求、形式内容、方法途径、时间要求、成绩考评、工作量计算、奖励办法、组织领导以及有关政策都做了明确规定，并随着学校体制改革不断加以修订，使活动贴近学校发展实际，有章可循。一个成功的实践制度，应包含以下内容：

（1）社会实践活动领导小组制度

学校应成立由分管学生工作的党政领导和教务、科研、总务、学生处、团委等部分单位组成的学生社会实践活动领导小组，负责对全校社会实践活动进行统筹安排，制订计划，组织落实，各院、系、部成立由分管学生工作的党总支书记、副书记、副主任、团总支书记与辅导室主任等参加的社会实践领导小组，负责本系学生社会实践活动计划的制订与实施。同时，也可吸收校外人士，如地市团委同志及企业负责同志共同组成社会实践活动领导小组，建立友好关系，以便于高校社会实践在地方、企业的顺利开展。

（2）完善两种不同类型的社会实践基地建设制度

随着高校学生社会实践活动不断走向成熟，社会实践基地建设制度也成了一种趋势，相对于实践初期的分散、随机活动，基地活动可以有长远的计划，为培养人才制定完备的方案，同时，也有利于基地方与校方建立长期的互惠关系，使社会实践在双方自愿的基础上健康发展。社会实践基地制度建设包括以下两方面的内容：一是为教学研究服务的社会实践基地的制度建设。这类基地建设包括城市工商企业、农业生产单位等。二是思想政治教育和党建社会实践基地的制度建设。这类基地包括城市社区、农村基层组织、各类爱国主义教育基地（包括革命纪念馆、革命博物馆、烈士陵园等）。

（3）实行两种不同类型社会实践的指导教师队伍建设制度

开展高校学生社会实践活动的经验证明，实践活动要取得成效离不开教师的积极参与。因此，必须建立社会实践指导教师制度。两种不同的社会实践需要不同的指导教师，为教学研究服务的社会实践由专业教师或相关专业的技术人员作指导教师；思想政治教育类的社会实践，由政治辅导员、政治理论教师或校外政工干部作指导教师。借助指导教师在人格、理论、知识、专业上的优势，增强社会实践的生命力，完成在实践过程中全方位育人的功能。制定社会实践指导教师制度一般要考虑以下因素：一是基地的性质（教学研究服务的社会实践基地与思想政治教育的社会实践基地，两种不同的社会实践基地对教师的要求有所不同），二是学校的有关政策，三是教师的地位和作用，四是实践过程中的组织领导，五是纪律要求，六是地点的选择和安排，七是职称评审和职务晋升，八是工作量的计算。当然，要注意与学校相关职能部门及分管学校领导组成的领导小组协调进行。

（4）社会实践考核与激励制度

考核激励是提高社会实践活动成效的有效方式。对高校学生参加社会实践活动定内容、计学分；对教师定任务、计工作量；院、系、部、教研室制定规划和考核措施；对社会实践活动情况要做到“八个挂钩”：与学生德、智、体综合测评成绩挂钩，与奖学金挂钩，与评选先进个人和集体挂钩，与团员民主评议、推优入党和推荐免试研究生挂钩，与评选优秀党团员挂钩，与高校学生的学分挂钩，与单位和个人经济利益挂钩，与教师工作量和干部业绩的奖惩挂钩。这样，才能调动高校学生、广大教师干部，以及社会各界、各单位参与社会实践的积极性、主动性，使社会实践形成有机运作、自我驱动、有轨发展的动力机制。

2. 高校学生社会实践的创新探索

新的时代不仅对高校学生有了新的要求，同时赋予了高校学生社会实践新的任务，要适应时代，就必须实现高校学生社会实践理念上的更新。

第一，将高校学生社会实践与建设社会主义新农村的需要结合起来。一方面，高校学生是掌握着一定基础知识和专业知识的知识分子，他们的参与无疑会有效地促进社会主义新农村的建设；另一方面，高校学生加入社会主义新农村的建设中，又会给他们的专业知识提供用武之地，使他们的实际能力得到提高。将高校学生的社会实践与建设社会主义新农村的需要结合起来，意味着我们对高校学生的社会实践在观念上要有一个更新或变革，即要从过去单方面地将高校学生作为社会实践的受动者，通过社会实践提高工作能力，培养良好的思想品德，转变为高校学生既是社会实践的受动者，又是社会实践的“授动者”，高校学生作为科技知识和精神文明的载体，在实践中去建设社会主义新农村。

第二，将高校学生社会实践与城市社区政治文明与精神文明建设的需要结合起来。当我们将高校学生既看作社会实践的受动者，又视为社会实践的“授动者”时，就应充分利用高校学生这一科技知识和精神文明的载体，将其运用到变革社会的活动中去。将高校学生的社会实践与城市社区的政治文明和精神文明建设的需要结合起来，持久、稳定而有效地开展社会实践教育活动，使高校学生在促进城市社区精神文明与政治文明的社会实践中，自身也得到提高和锻炼。在这类社会实践活动中，高校学生可以将高校思想政治理论课中所学习到的内容应用于实践活动中，既能将知识活用，又能深化理论认识，同时还可以通过自身努力，促使社会变革，成为推动社会文明进步的重要力量。

第三节　高校学生管理模式的探索创新

一、融入开放性思想

我国现阶段的高等教育已经从原来的精英教育转化为大众化教育，受教育者的求学情况、知识基础与以往相比发生了很大的改变。政治辅导员和班主任要指导学生正确面对竞争、面对择业、面对压力，引导学生规划人生，培养学生宽广的胸怀和健全的人格，努力把德育渗透到学生成才、就业的全过程，要主动管理育人，提高工作效率和水平，营造更好的育人环境和氛围。

（一）建立优秀的管理团队和制度

学校应加强对学生管理工作的重要性认识，挑选一批思想素质高、工作能力强、具有一定学生管理工作经验的工作人员担任学校学生管理工作；经常性地组织并开展对各分校、教学点学生管理干部的专业培训，邀请较高水平的专家讲座，全面提升学生管理干部的素质；通过各种方式组织、开展校与校之间学生管理工作的交流，请学生管理工作突出的管理人士讲解和传授管理经验，并通过讨论交流，共同提高，共同进步；以校本部为载体，开辟全校性学生管理工作专项窗口，广泛讨论和发表管理体会，创建全校性学生管理专刊，组织系统内投稿，把学生管理工作真正落到实处。

学校应建立导学教师引进、培训、考核、交流的整套制度；完善引进程序，严把入口关，力争把有能力、责任心强的导学教师引进来；建立严格的导学教师培训、考核制度。导学教师应对以现代计算机网络为主的多媒体现代远程教育技术有较深的掌握，能熟练运用计算机网络等媒体技术获取教学资源，并能配合辅导教师进行教学资源的整合，组织和指导学员开展网上答疑、BBS（Bulletin Board System，网络论坛）讨论、双向视频等网上教学活动，利用腾讯QQ群、微信、电子邮件等与学员进行日常沟通。完善导学教师的流动计划，打破以往导学教师队伍建设的封闭体系，激活用人机制，拓宽导学教师出口，加强导学教师的交流和提拔，解决导学教师的后顾之忧。

加强导学教师的专业化建设，其中最主要的就是更新观念，全面提高导学教师的综合素质。导学教师在工作了一段时间以后就会积累一定的工作经验，也会认识到自身不足。如果学校能制定一套完整的培训机制，给他们更多的培训学习的机会，不管是对学校还是对导学教师本人来说，都是双赢的。另外，还可以加强导学教师之间的沟通与交流，使导学教师的业务能力不断提高，确保导学教师在工作中发挥应有的作用，保证开放教育学生的培养质量。

（二）注重培养优秀的学生干部

学生干部队伍应真正发挥先锋模范作用，真正发挥战斗堡垒作用。学校应健全团支部、学生会组织，主动让学生组织成为学校与学生，教师与学生沟通的桥梁，通过民主推荐、个人竞选产生学生干部队伍。结合开放教育类学生的生理和心理特点，通过学生干部开展广泛的思想交流。帮助广大高校学生树立和培养学习自信心，一方面肯定他们在以往的学习和工作中取得的成绩，使他们充分看到自己的优点和能力，另一方面循序渐进一对一式辅导，让他们将现在在环境中遇到的问题总结归纳，然后反馈经验。在交流和沟通的过程中，要注意交流态度，避免出现僵局而挫伤学生的学习积极性，要充分尊重学生。

（三）通过加强校园文化氛围引导学生的学习和发展

开放教育的学生大多以参加远程教育学习为主，这些学生渴望交流，希望像普通高校的学生一样有丰富的校园生活，感受来自众多同学的支持与友谊。

学校应主动提供学生情感交流、培养兴趣和寻求帮助的平台，促进学生之间的交流和沟通，传承成长经验，解答学生疑惑，碰撞智慧思想，传递情感关怀，培养同学友谊，消除学习孤独感，增强学生对开放大学的身份认同感、归属感和凝聚力，营造积极向上的校园文化氛围，促进学生的管理、学习和发展。经常性地开展校区、班级之间的各种比赛活动，增进学生之间的友谊，根据不同学生原来从事行业的不同，有针对性地聘请相关行业的专家和学者到学校举办讲座，吸引学生积极参与和交流。

二、提升教育服务意识

现代教育以促进人的现代化和主体的全面发展为中心。主体性和发展性是现代教育的本质规定。基于此，现代教育倡导“教育是一种服务”的教育管理理念。在如何开展教育管理和教育活动问题上，相对于传统的教育管理理念，它具有以下的特点：

第一，教育服务理念体现了现代教育以人为本的精神，突出了主体，突出了主体性生成和主体性发展，以培养现代主体人格为根本，直接着眼于人的发展。

第二，教育服务理念下的教育管理活动是教育者与受教育者互为主客体、主体间的对象性活动，是在教育者的组织领导下，教育者与受教育者共同参与的活动，是教育者的启发、引导、指导与受教育者的认知、体验、践行的互动，是教育者的价值导向与受教育者自主构建的统一活动，是教育者与受教育者的相互教育与自我教育、教学相长的活动。

第三，教育服务是现代教育管理的整体特征，不是教育活动的某个阶段、某个部分或某个方面的特征。作为现代教育的根本指导思想，它是贯穿于教育管理活动的始终和教育管理活动的各个方面的。

教育服务的管理理念对于高校的改革、建设和发展有以下作用：

（一）教育服务理念为改革高校学生管理提供内部驱动力

树立高等教育服务理念，能够促使高校树立责任意识、市场意识和竞争意识，促使他们关注社会与受教育者的个人教育服务需求，推动高校自觉自主地进行改革，把握市场动向，完善服务体系，增强效益意识，提高服务质量。

来自管理者自己对改革的需求和认同是改革高校学生管理的主要动力。服务理念是将服务对象当成自己一切服务工作的对象和焦点，将学生满意与不满意作为衡量管理业绩的重要指标，在客观上迫使管理者努力接受新理念、新方法。这样，就能形成一种内在动力，去推动他们进行改革。

（二）教育服务理念为引导高校学生管理提出新的目标

树立高等教育服务理念，不仅能够让我们意识到学生共性和个性的差异，还能够让我们意识到高等教育服务的生产者是教育工作者，他们通过消耗智力和体力，而生产出适合不同教育对象需求的、具有多方面性能的教育服务，处在生产领域。学生则是高等教育的消费者，处在消费领域，这种理念为高校学生管理实践提出了新的目标。作为提供教育服务的教育者，在学生管理中应以学生为本，尽量满足学生（作为消费者）的需要。不同的学生有不同的需要，同一学生不同时期的需求层次也不尽相同，需求的多样化就决定了教师工作的复杂程度。在提供教育服务时，教师不再是管理者，而是为学生提供服务的教育服务生产者。

要生产出优质教育服务，以满足不同人的所有合理需求，教师就要自觉地树立“以人为本”的服务理念，掌握学生的思想动态，了解他们需要什么、喜欢什么、想些什么、关心什么、拥护什么、反对什么等，更要了解不同年龄学生身心发育的规律和特征。要深入课堂、深入食堂、深入学生宿舍、深入学生活动的各个方面，只有这样，才能从学生的角度制定出符合他们身心发展需要的管理规章，才能努力完善他们的个性，充分发挥他们潜藏在主体内部的创造潜能，才能受到更多学生的欢迎和喜爱。

（三）教育服务理念为高校学生管理创造新型师生关系

树立高等教育服务理念，要求教育者树立起新型的师生关系：从高等学校教师方面来看，在教育服务生产过程的师生关系中，学生作为教育服务的消费者，在教育过程中拥有重要地位，教师必须予以尊重，教师作为教育服务生产者，不能不认真考虑作为教育服务消费者学生的意见、要求，这意味着教师必须改变角色意识，树立服务理念，从提高服务质量、保证消费者满意的角度出发来考虑一切，从而做到因材施教，从学生方面来看，意味着他们必须树立独立意识和自主观念，对自己的选择和行为负责，不能完全依赖学校和教师。这种新型的师生关系有利于学生管理中师生平等地、朋友式地、相互尊重地交流对话。

（四）教育服务理念为高校学生管理的评价提供新的依据

树立高等教育服务理念，衡量教育质量的标准则主要是服务对象的满意度。这一视角更关注服务对象需要的满足。与传统理念相比，这一理念已经意识到了不同的服务对象会对同一产品感知到不同的质量水平。当学生或家长得到满意的服务时，也就是他们对所有服务特征的期望都得到满足或超额满足时，他们把整体服务感知定为优质，并因此对学校和教师保持忠诚，从而对学校产生归属感。

用满意度来衡量学生管理具体表现在要符合学校教育质量的以下几个特征：

1. 有效性

有效性也就是能有效地发挥教育服务产品的功能和作用，满足学生学习的欲望，促进学生的发展。

2. 经济性

经济性是顾客为了得到教育服务所承担的费用是否合理，优质与廉价对顾客是同等重要的。

3. 安全性

安全性是学校保证服务过程中学生的生命不受危害，健康和精神不受伤害，人格不受歧视，合法权益受到尊重和维护。

4. 时间性

时间性顾客对服务的时间上有需求，他们需要及时、准时和省时。

5. 舒适性

舒适性需要舒适的学习环境，以及令他们感到舒适的服务态度。

6. 文明性

文明性顾客需要学校有一个自由、亲切、受尊重、友好、自然和善意的氛围，希望教师有较高的知识修养、文化品位和幽雅的举止谈吐。

三、创新管理方式

创新是高校学生管理的灵魂，也是高校发展的关键。高校只有大力进行管理的创新，创建一种与时代发展相适应的新的管理机制，才能真正提高高校的管理水平，从而提高办学质量和办学效益，从而培养大批优秀创新人才。尽管全面创新管理是针对企业的创新提出的，但对高校的管理也同样适用。

（一）高校学生管理工作创新的必要性

1. 管理创新是培养高素质人才的需要

当前，科技飞速发展，新技术不断涌现，要想培养大批高素质人才以适应当代的生产建设，必须不断推进教育创新，这不仅包括教育观念、教育制度的创新，在人才培养模式和学生管理工作上也必须探索出一条新的道路，这样才能提高人才的素质和能力。学生管理工作是高校育人的重要手段，其本身并不仅仅是一个简单的政策、制度、规章所能涵盖的，而是对一整套理论体系和系统工程的反映。学生管理工作的创新过程必须不断与外界思想、政策、环境匹配，适应时代的潮流和社会的发展，这样才不会被时代所淘汰。

2. 管理工作创新是高等教育大众化的需要

自 1999 年高校扩招以来，招生规模的不断扩大，学生人数的不断升高，高校学生的整体素质和层次也在发生着巨大的变化。高校学生管理工作只有积极创新、不断探索，才能符合高等教育大众化发展的要求。

3. 管理工作创新是服务学生的需要

我国当前正处于社会转型期，社会生活方式逐渐多样化，高校学生的思想观念、价值观念、生活方式都在发生着巨大的变化。随着网络技术的快速发展，高校学生对于新知识、新技术的接受和学习速度变得更快，这使他们被网络深深地影响着。从学生管理的层面上来看，互联网的确带来了新的技术和方法。对管理模式进行创新，这是加强学生工作的需要，也是提高高等教育质量的需要。

（二）全要素创新在高校学生管理中的应用

1. 高校创新发展战略的制定为全面创新指明了方向

高校在战略措施的制定上，要找准切入点，突出特色，坚持特色办学，将有限资源用于战略性、关键性的发展领域，使之发挥最大的效用。高校的优势来源于管理者将内部所具有的专业特色优势、人才优势、学术科研成果、管理经验、资源和知识的积累、整体创新能力等多种因素整合。只有建立在现有优势基础上的战略，才会引导高校获取或保持持久的战略优势，推进特色办校战略，不仅在某一学科或专业上有特色，而且尽可能进一步在某一领域上有特色。

2. 创新文化的建设是实现高校全面创新的源泉

各种创新活动都离不开高校创新氛围的基础，如果高校中人们的思想僵化，思路不清，满足现状，不思进取，缺乏创新欲望与动机，对创新举动不予理睬甚至百般阻挠，就不可能营造强烈的创新氛围。据研究，国内外的一些著名高等学校，其保持长盛不衰的活力之源就是独特校风的延续和更新机制的存在。

3. 技术创新是实现高校全面创新的手段

现代信息技术对教师的学科知识结构，以及掌握现代化教育技术的程度也提出了更高的要求，引起教学方法和手段的现代化及课程内容的更新，影响教学过程和人才培养的过程，对高校学生的政治倾向、思维方式、行为模式、价值观念等都产生深刻的影响。

4. 创新制度设计是高校实现全面创新的保障

任何一个制度和政策设计的终极目标都是要最大限度地激发人的积极性。高校必须承认个人在知识发展中的独特性，建立“以人为本”，有利于学生创新思维、创新能力培养的管理制度，既有利于充分提高学生的学习积极性，也有利于充分提高教师的教学积极性。

5. 学习型组织是高校实施全面创新的必然选择

随着我国高等教育向大众化阶段的迈进，高校办学规模不断扩大，管理幅度和管理层次也在相应地增加，高校实际上已经成为一个复杂的组织系统，传统的金字塔式的组织结构已很难适应知识经济的要求。因此，应改变组织结构，建立一种有机的、高度柔性的、扁平的、符合人性的、能持续发展的、充分发挥员工特长的创造性思维能力的组织。

6. 全时空创新在高校学生管理中的应用

全时空创新是指每时每刻都在创新，使创新成为涉及学校各个部门和师生员工的必备能力，而不是偶然发生的事件。这就要求在课程体系中增加创新能力的训练和综合实践课程，提高学生在亲身实践中发现问题、解决问题的能力，进而激发灵感。教师要更新教育观，转变教育思想，改变常规教学方法的树立，把知识的最新成果以及学术界正在争论的问题随时融进教学中去，身体力行地站在创新的最前沿。况且，在全球经济一体化和网络化的背景下，高校应该考虑如何有效利用创新空间，在全球范围内有效整合创新资源为已所用，实现创新的全球化，即处处创新。

7. 全员创新在高校学生管理中的应用

全员创新要求师生学习、学习、再学习，不仅要系统地学习，掌握基础的现代科学文化知识，而且要钻研某一专业方面的前沿领域，做到博与专，基础与特长的和谐统一，加强当前的阶段性学习，更要强调终身学习，不断增加新知识、新技能，保持良好的知识结构。高校学生管理人员再也不能像以往那样用传统的组织手段来指挥一群富有知识、渴望创造的教育工作者，而是必须不断探索高校学生管理中的新规律、新问题，研究现代化高校学生管理新的方法论，寻求新形势下行之有效的管理方法，努力增强高校学生管理的科学性和艺术性，不断提高管理成效。

第四章 “互联网+”时代环境下高校学生管理工作的创新实践

本章讲述的是“互联网+”时代环境下高校学生管理工作的创新实践，将从以下三部分内容进行详细论述：“互联网+”时代环境下高校学生管理工作的创新必要性研究、“互联网+”时代环境下高校学生管理工作的创新路径研究和“互联网+”时代环境下高校学生思想政治教育问题研究。

第一节 “互联网 +”时代环境下高校学生管理工作的创新必要性研究

一、“互联网 +”纳入国家行动计划

（一）我国将推进教育信息化纳入国家“互联网 + 行动计划”

我国将推进教育信息化纳入国家“互联网 + 行动计划”，启动国家“互联网 + 教育行动计划”，大力推动互联网、云计算、大数据、物联网与教育相结合，既可全面推进国家教育信息化进程，又可创造世界上最大的教育信息化服务市场。在当今国际社会中，教育信息化已成为一项被广泛采纳的重要战略措施。

第一，人类社会的教育理念和形态正在被教育信息化所深刻塑造。教育信息化正在成为引领教育理念和模式深刻革命的重要引擎，它将多种学习方式，包括融合线上与线下教育、移动学习与固定学习、集体学习与个体学习、独立学习与团队学习、知识学习与能力培养等，融合在一起，为教育注入新的活力。

第二，教育信息化正在成为促进教育公平、提高教育质量的有效手段。世界各国普遍把教育信息化做为缩小数字教育差距、实现优质教育资源共享、促进教育均衡发展的战略选择。

第三，教育信息化已成为创造学习环境、构建学习型社会的必由之路。教育信息化为人们的移动学习、终身学习提供了可能。

第四，教育信息化正在成为解放教育生产力、提高教育评价和管理效能的重大技术手段。

随着教育领域中大数据、云计算、互联网、物联网技术的广泛应用，尤其是以网络信息技术为支撑的新型教育模式，如在线教育、翻转课堂、微课

程等，中小学教育正在迎来一场教育信息技术的革命，迎来新的时代。教育信息化作为一项国家战略，已经成为世界各国发展基础教育、提升国际竞争力的重要手段，而“智慧校园”也逐渐引起人们的关注和重视。随着现代信息技术在工业制造业领域的广泛应用，智能工厂的涌现为我们带来了一种全新的教育形态——智能教育，与传统手工作坊式的教育形成了鲜明的对比。“智能”就是把先进的科学技术成果引入教育领域并加以利用的能力，也叫“智慧化”。现代信息技术和人工智能技术的融合，将为教育注入智能化的力量，从而全面提升教育的智能化水平，这就是智能教育的本质。从目前来看，智能教育已成为我国基础教育改革发展的方向。

党的十八大提出“四化”同步发展战略，把信息化上升为国家战略。“没有网络安全就没有国家安全，没有信息化就没有现代化。”[①]2014 年，教育部等“五部门”出台了《构建利用信息化手段扩大优质教育资源覆盖面有效机制的实施方案》（以下简称《方案》），对如何推进“三通”“两平台”建设作出了具体的战略部署。大力推进教育信息化有两大关键：一是电信运营商提供的网络带宽建设，即国家教育信息化战略所规划的“三通”，只有实现了“三通”，教师和学生才能享受教育信息化服务；二是网络运营商提供的以硬件服务器为支撑的课程资源平台和管理平台。

（二）即将启动的国家“互联网 + 教育行动计划”

第一，带宽建设要从国家战略层面，整合中国移动、中国电信、中国联通带宽资源，打破相互分割，实现互联互通。

第二，平台建设从国家到地方要整合统筹课程资源建设平台和教育管理服务平台。管理平台既要服务于各级政府和教育行政部门的教育管理，也要服务于教师、学生的教育教学活动，服务于学校和教师的教育教学评价。如果教育管理与课程资源服务平台分割，既不利于教育管理者、学校、教师、学生等使用平台，也不利于教育管理、教育教学与教育教学评价大数据的形成。

第三，平台建设要坚持用两条腿走路，要坚持政府公共服务平台建设与企

① 秦安．网络强国战略三部曲：网络突围 [M]．北京：华文出版社，2015.

业的市场化服务相互补充、相互协调、相互竞争，保持平台建设与服务的活力。

第四，把县级教育公共服务平台建设纳入国家教育信息化战略。在云计算、大数据、互联网技术支持下，教育信息化应该走集成化、集约化的新型教育信息化平台建设模式。因此，必须尽快改变以校为本的教育信息资源配置战略，走向以县域、市域、省域乃至整个国家互联互通的教育信息化公共资源配置战略。在这里，要确立县级教育公共服务平台建设的主体地位，强化县级公共服务平台建设。这是国家教育信息化公共服务体系的关键。因为我国教育管理体制是“以县为主”的，县级政府是我国教育管理的基本行政单位，是统筹国家和地方教育资源为师生教育教学服务的基本单位。只有强化县级教育公共服务平台建设，并实现与市、省、国家平台的互联互通，才能更好地利用国家公共教育资源为县域教育改革和发展服务，又能满足本地教育改革和发展的需要，同时，实现本地资源与县外教育资源的共享。

国家应从战略高度确立县级教育公共服务平台建设在国家教育信息化中的基础性战略地位，尽快启动县级教育公共服务平台建设工程。

县级教育公共服务平台进行集中研发、应用与管理，各种教育信息化软件在县级平台集约研发与集成安装，学校作为县级教育公共服务平台的一个用户，只需要通过宽带接入，配备计算机终端，方便学校师生和管理者应用即可。

第五，学校是教育信息化管理和课程资源服务平台应用与资源建设的主体。学校是教育信息化的主体。一方面是教育信息化公共服务的应用主体；另一方面又是课程资源与管理评价资源建设的主体，即在教育信息化的应用中生成新的资源。

二、高校发展的需要

（一）构建和谐校园的迫切需要

1. 网络文化与和谐校园

随着网络越来越多地渗入人们的生活中，网络文化也渐渐成为一种流行文化。因此，网络媒体也就有了丰厚的文化内涵。对于“文化”这个概念，人们的理解有很多种，其中一种认为：文化是一种特殊的对生活方式的描述。它不仅包含了艺术、思想等古典的范畴，也包含了人们在日常生活活动中所具有的某种意义与价值。如果说文化是一种生存模式，那么网络文化就是由因特网而产生的一种生存模式。因为这是一种基于互联网的生活方式，它的目标是获得资讯，所以我们可以把它概括为：网络文化是一种基于“互联网+”的跨越国界和地域的资讯文化。

在提倡与研究和谐社会方面，已经出现了大量具有深度和权威性的文献。在知识经济的今天，教育已成为一种新的、有价值的、有重大意义的教育事业。和谐校园主要指的是一种以内外沟通良好、各种关系顺畅、和而不同、协调发展为核心的教育理念。要落实这一理念，就必须重视学生的全面发展。高校建设和谐校园不仅是高校建设的根本目的，也是高校建设和谐校园的根本途径和方式。和谐校园的基本特征是文化的和谐。网络文化在构建和谐校园中不可忽视。

关于网络对于青少年的影响，已经有了许多的研究。网络文化在构建和谐社会中所发挥的作用越来越受到重视，一些省市甚至举行了“网络文化节”。网络文化在构建和谐校园中所发挥的作用，已经受到了社会各界的广泛关注。

随着互联网的不断发展，越来越多的用户加入互联网中来，“被网络化”已成必然。这是对问题进行分析的先决条件。如果没有这一先决条件，那么讨论网络文化在建设和谐校园中的作用就显得苍白无力。

2. 网络文化对构建和谐校园的正面效应

人们之所以心甘情愿地将网络融入生活，源于其内在的动机和不可或缺的因素。因为网络本身就具有丰富而深刻的内涵。相当一部分理由和原因应当是具有建设性和合理性，或者说是符合人们对真、善、美的追求。

（1）网络能够满足学生多方面的需求

构建和谐校园必须以学生为研究对象、以学生为主体。在调查中，许多学生认为，网络给自己的生活增添了色彩，减轻了自己的压力，但是，他们也认为，网络给自己的生活带来了更多的挑战。相较于社会团体而言，大学生对科技的信任程度较高，更乐于追求潮流，更愿意进行更广泛的交流，对知识资讯的需求也较高。而这些条件，在网上都可以满足。电脑和互联网是高科技与时尚潮流的同义词。学生是网络的主要参与者，会持续地从技术和技巧两个方面来加强自己的网络素养。比如，不断地使用新的软件来加快链接的速度，并提升搜索效率，持续地对打字速度进行提升等。互联网的应用非常广泛，其最大的作用与优点就是可以实现信息的分享与传送。这正好满足了学生获取更多信息、更好地与人交流的需求。

（2）网络可以成为学生的信息库和资料库

网络可以处理海量的、内容丰富的信息。这些资料被分类放置在网页中，访问者可以通过超链接来选择他们感兴趣的内容。而互联网最大的优势，便是其所包含的信息量之大，简直就是一部“百科全书”，可以让学生在阅读纸质书籍的时候，也可以利用互联网来做自己的知识储备。

（3）网络使教学手段和教学方法的革新成为可能

各类在线学校已经得到了很大的发展，许多课程的学习都可以通过网络来完成，有限的教育资源被更加合理和有效地利用，越来越多的人能够享受到越来越多的教育。在校园网络的广阔天地中，师生们可以通过网络进行互动交流，包括但不限于网上选课、答疑、评教、贴吧以及电子图书等多种形式。这些技术上的突破使教师摆脱了时空限制，学生也不再受时间和地点的局限，学习资源得到最大限度的共享，极大地调动了教与学双方的积极性和主动性。

（4）网络对人们的思维方式和世界观有积极影响

麦克卢汉说：“媒介是人的延伸。”①随着网络的进入，网络意识也随之渗透到人的身体和精神，并对人的思想和行为产生了一定的影响。在学生工作中，在个人的世界观、人生观和价值观逐渐形成的过程中，网络对学生工作的影响是不容忽视的。网络的积极和正面作用在于，它能够引导人们，特别是年轻的学生，树立起先进理念。网络是人类智慧的结晶，是科技进步的重要成果，凝聚着人类的智慧和创造力。网络是一片敞开的领域，也是一片自由的天地，文化的屏障正在以前所未有的速度被打破。文化以电缆、光纤、

① 安思国．媒介交流研究 [M]．北京：中国传媒大学出版社，2005.

服务器和计算机终端等有形实体为媒介，在全球范围内快速、便捷地传播开来。网络文学艺术作品不仅是实施美育的大课堂，更是科学和先进思想的引领，为学生提供了广阔的视野。网络不仅给大学生的学习和生活带来了方便，而且对培养当代青年的审美意识和创造思维也产生了巨大影响。许多学子在交谈或网络讨论中，锤炼了对问题的认知、分析和解决能力，他们的智慧和创造力在此得到了充分的展现和发挥。从理论上讲，网络空间中的每一个人，每台计算机，都有可能是广播站、电视台或者出版社。他们通过网络进行交流，可以把自己的观点告诉别人，也可对别人的观点加以评论。网络作为一种信息交流方式，呈现出最具自由度、灵活性和开放性的特点。在网络世界中，每个人都享有平等的地位，他们可以与全球任何联网的人建立联系，自由地获取各种信息资源，并自主参与各个论坛的讨论、写作和传播。

（二）因材施教的推行

与教育史源远流长相比，互联网的历史是短暂的。人类教育的历史几乎与人类的五千年文明史相当，互联网的历史却只有短短几十年，它的出现、普及、应用都与教育密切相关。自 2012 年后，网络教育业逐渐升温，投资并购不断，百度、阿里巴巴、腾讯纷纷涉足，都把网络教育视为巨大商机。从发展机遇而言，第一，互联网技术为其提供了有利条件，为人才培养质量的发展带来了机遇。以互联网为基础的教学模式，如“慕课”“翻转课堂”“微课程”等，突破了学习者在学习时间和空间上的限制，为学习者提供了共享课程资源、实现个性化线上学习的机会。同时，为了促进学生的自主学习和合作学习，同时探索线上教学和线下教育的融合，我们需要创新传统的教学方式和手段，以创造更好的条件。第二，互联网技术为开拓优质教育资源提供了一条全新的道路。在网络环境下，优质的教学资源能够得到快速及有效传播，从而实现资源共享，满足不同用户对信息服务的需求。通过利用互联网技术的多元化和便捷性，我们可以将有限的资源投入集中于优质线上课程的建设上，并建立共享机制，以实现优质教学资源的均衡配置，从而提高效率、促进公平，推动优质教育的均衡发展，进而推动学习型社会的建设。第三，在线课程联盟的构建为提升教育国际化水平搭建了新平台。以 Coursera（由美国斯坦福大学教授创办的大型公开在线课程项目）、EdX（麻省理工和哈佛大学开设的大规模开放在线课堂平台）等为代表的在线课程联盟的发展，国际化课程、教材和课件的跨国流动与共享得到了加速，同时，先进的教学理念、现代教学方式和教学管理模式的跨国传播与融合也为优质教学资源共享与国际拓展、教育教学方式的变革以及学校国际形象的改善提供了全新的平台。

高校应积极面对网络教学给高校带来的挑战，从而推动网络教学的健康发展，提高人才培养质量。

1. 更新传统的教育教学观念

我们要建立富有时代内涵的人才观、多样化的质量观和现代化的教学观；遵循教育教学规律和人才成长规律，践行“因材施教”的教育理念，探索多样化和个性化的培养方式。

2. 改革传统的教学方式

运用“慕课”“微课程”等网络课程资源，使学生的学习进程“翻转”，提高了学生的学习成效；改变了学生在课堂上获得知识的方式，由原来的授课方式变成了在课堂上进行自我学习，从而提高了学习效率。在课堂上，通过教师的组织引导、师生的互动和生生的合作，实现了学生在课前个性化学习中所获得的知识的有机融合，从而达到了知识内化的目的。我们需要对传统的课堂教学模式进行改革，以引导学生在自主学习、合作学习和探究式学习的过程中获得更好的学习效果；探索线上线下融合的教学模式，共享卓越的教学资源，彰显独特的教学特色和水平，从而提升学习效果。

3. 促进教师的职业生涯发展

随着学习过程的翻转，教师的角色已经从单纯的知识传授者转变为与学生共同学习的伙伴。基于网络环境下开展翻转课堂教学，应构建以学习者为中心的教学模式和个性化学习模式。优化教学评价标准，加强教师培训，提升教师运用现代信息技术的能力，鼓励教师积极研发在线课程，积极参与线上教学活动；引导教师利用好网络技术开展教学活动，促进师生互动与合作交流。鼓励学生在线上自主学习的过程中积极参与，以增强他们的学习效果，并提高他们的知识水平。

4. 创新教学管理体制

我们需要进行系统性的理论研究，进行制度性的改革，以及在实践中进行全面的改革：确立完善的教育质量监管和保障机制，注重建立对学生学习成果的跟踪和评估机制，并加强对评估结果的反馈和改进机制。

5. 高等学校要推进“互联网教学”良性发展

（1）加强联结与互动

互联网教学模式的本质特征在于建立联系和互动，有关部门应当加强整体规划，避免重复建设和分散建设，以实现优质教学资源的共建共享。为了提高学习效果，我们需要引导学校进行课堂教学模式的改革，以促进师生、生生和人机之间的互动。

（2）完善学习监督和效果评价机制

为了优化学习评价标准和评价方式，我们应当高度重视大数据技术的应用，以实现教学及其管理平台的数据交换和共享，从而及时对线上学习效果进行评价和反馈；为了提升线上学习的主动性、自律性和选课完成率，必须对教师的线上教学水平进行改进。

（3）探索和完善互联网教学的运行机制

要厘清网络教育的公益与盈利的内在联系，就要完善“慕课”“微课程”等网络合作机构的运作模式，为网络教育提供充足的资金支持。为探索在线课程的规范和认证方式，需对学分转化、学分互认和学分银行等机制进行研究。要想达到协同探索与优势互补的目的，就要在普通高校、开放大学、在线课程联盟或协作组织、互联网教育产业之间构建起一种合作的关系。

（4）跳出互联网教学发展的误区

教育的终极目标在于培养具备全面素养的个体，使其在未来的人生道路上更加自信。学校所秉持的办学传统、校园文化和校风学风，以潜移默化的方式熏陶和催化学生的成长、成才，对于塑造学生的综合素质，包括但不限于社会发展性、人际关系和公共关系、团队精神等方面的素养和能力，具有至关重要的意义。这就是为什么在网络教学中不能完全取代学校教育的原因。我们要保持一种严谨务实的态度，要避免对概念的过度渲染和片面的夸大，把注意力集中在对网络教学环境进行优化、提高在线开放课程质量、共建共享优质教学资源、实现线上线下教学相互融合、增强学习效果和提高学习效率等方面。

（三）有效利用高校资源

首先，目前的任务在于促进各类高质量教育资源的整合和共享。积极探索和实验混合式教学，充分利用信息技术，建立高校间优质数字化资源共建共享机制。高校可免费获取国家精品视频公开课程和精品资源共享课程，让更多人受益。通过实施大规模在线开放课程建设和教学资源平台建设等措施，可以扩大优质教育资源的受益范围，从而使高校学生得以参与国内外知名大学网络课程的学习；通过共享精品资源课程和进行视频公开课等教学形式，中青年教师的教学水平将得到显著提升。

其次，我们需要构建一种以学生为中心，以调动学生积极性、灵活度、突出教师辅佐功能为核心的新型课堂教学模式。在大数据时代，以互联网信息技术为核心的各种教学模式和学习方式不断涌现，例如，微型课程、在线课程和翻转课堂等。这些新形式的出现使我们有了更多机会去思考如何让教与学更加高效，并能促进学习者个性化发展。在“互联网 +”的时代背景下，教育已经不再是传统的线性模式，而是以非线性、模块化、可定制的方式呈现，学生可以根据个人需求和兴趣自由选择学习内容。随着网络课程平台建设的普及，在线开放课程数量与日俱增。对于高等教育机构而言，必须运用互联技术和大数据技术，整合各种资源，采用启发式、探究式、讨论式和参与式的教学模式，以学生为中心，建立起一种教学模式。

此外，我们应当积极推进高等教育相关专业的建设，加速培养具备互联网领域专业技能的人才。将互联网技术、物联网技术、云计算、大数据、数字制造技术、智能制造技术等相关领域的知识纳入高校的公共基础课教学，以提升高校学生在互联网领域的认知水平。通过校企合作方式，将大学生引入到社会中去参与各种项目，以提升其综合能力和创新能力。在高等教育机构或企业中设立“创客中心”或“创客平台”，涵盖3D打印技术、智能家居技术、可穿戴技术、智能制造技术、物联网技术，以引导学生进行创新创业实践活动，实现创新与创业的有机结合，同时实现线上与线下的无缝衔接。

对于高等教育而言，实现“互联网+”是一条不可或缺的路径，但需要采取一系列的保障措施以确保其可持续性和有效性。首要之务在于规划专项经费，以支持高校信息化建设的资金投入。政府要为高校提供必要的经费支持，同时还要加强政策扶持力度。其次，进一步提升教师信息化教学素养和意识，需要与“互联网+”语境相契合，采用多种方式，如网络研修等，以达到更高水平。加强学校内部管理部门之间的沟通和协调，建立起高效的工作机制，保证信息资源能够共享利用。最后，对于信息化教育绩效的评估和考核，必须保持常态化，各高校应制定专门的信息化发展规划，并定期进行评估和反馈，以确保其有效性和可持续性。

第二节 “互联网 +”时代环境下高校学生管理工作的创新路径研究

在“互联网 +”的时代背景下，高校教育工作的创新实现路径需要从多个影响因素入手进行全面优化，同时要充分考虑其基本特征和内涵，准确把握时代发展的趋势，将“互联网 +”与高校学生教育管理有机融合，为高校学生教育管理开辟更广阔的道路，同时也为高校教育管理注入更多的新元素。

一、更新基于“互联网 +”的高校学生教育管理理念

（一）坚持“以生为本”的教育管理理念

在“互联网 +”时代，“以生为本”的教育管理理念是高校学生教育管理新模式的核心：一是要以全体学生作为教育管理活动的出发点和落脚点，二是尊重学生的差异性和个性自由。在一个多元开放的社会中，我们必须以包容多样性为前提，认真对待个体之间的差异。在高校中，青年学生在身体、生理、心理、价值取向，以及道德、认知等方面都有显著的不同，同时，他们在学习和生活中也在不断地追求着自己的个性。所以，我们应该尊重学生的意志和个性，运用辩证的观点和方法，进行具体问题的分析，在重视学生的道德义务、道德理性和法治意识的同时，也不能抑制学生的天性，要顺其自然，对学生进行分类，实行精准的教育管理，让学生的生命力和活力得到充分的发挥，从而促进学生的个性发展。

（二）创新基于“互联网 +”新技术的教育管理育人理念

高等教育机构的学生教育管理是指通过计划、组织、指挥、协调、控制和服务等多种手段，将思想政治教育有机地融入党政管理部门、专业教师、

学工队伍及其管理人员等的管理中，辅以思想政治教育，以实现思想政治教育目标和任务的富有创造性的活动。

所以，在大学教育中，管理教育扮演着至关重要的角色，是不可或缺的一部分。随着“互联网 +”时代的到来，新科技、新媒体、新业态的强势介入，大学需要在学生教育管理的方式、方法、内容、手段等方面进行创新，以“以人为本”为基础，将“互联网 +”技术应用于教育教学、科研、行政、学生等管理活动，例如，“云课堂”“网上服务台”“一键式服务网”“学生网格信息中心”等，以确保学生在学校里的所有信息都能得到有效的追踪，并利用“大数据”进行分析、整理、判断，从而精准地引导、教育、约束学生的思想、学习、生活、行为等。在“互联网 +”新技术的引领下，大学管理人员需要进行教育与管理的创新，将网络与学生管理有机地融合，构建一个多渠道、全方位的教育系统，更充分地发挥管理育人的基础和保障功能。

二、健全基于“互联网 +”的高校学生教育管理工作机制

在“互联网 +”时代，要使新型的大学生教育管理模式更好地发挥其教育作用，就必须建立、健全和优化一系列的大学生教育与管理机制，如家校社协同机制、大数据平台服务机制、教育管理制度保障机制等，从而更好地促进大学生的全面发展。高校学生教育管理工作机制是高校德育工作的一项重要内容，是高校德育工作的保证，是高校德育工作不可缺少的组成部分。

（一）构建家校社协同机制

2019 年 2 月，中共中央、国务院印发了《中国教育现代化 2035》，明确提出：重视家庭教育和社会教育。家庭教育的核心是家庭成员间的感情交流和言传身教，包含了道德品质、行为习惯和家风等方面的内容，这些潜移默化的教育具有启蒙意义和优先意义，是对大学生进行教育的一项重要内容；家庭教育作为一种以日常生活为基础的教育形式，具有更高的实践性和灵活性，是必不可少的。高校教育是高等教育最基本也是最直接的组成部分，对

大学生健康成长发挥着巨大作用。高校学生的主渠道教育和显性教育，涵盖了文化素养、专业知识、心理健康、价值观和创新精神等多个方面的教育内容。高校学生积极参与各种有益于身心发展的社会活动，以增进对社会的认知、适应社会、服务社会，这种独特的参与方式对学生的成长产生了深远的影响，同时也为学校教育的完善提供了有力的支持。随着“互联网+”时代的到来，高校学生教育管理面临着新技术、新媒体、新业态等强有力的介入，这为我们带来了挑战和机遇。因此，我们需要不断完善和健全学生教育管理机制，并创新教育管理模式，建立一套协同教育机制，涵盖家庭、学校和社会。通过家庭、学校、社会的交互、协同，树立“以家庭养成教育为基础，以学校德智体育为中心，以社会实践活动为重要形式，以家校社平台为载体”的协同理念，构建“学校显性教育、家庭隐形教育、社会补充教育，学校承担教育的主体责任、指导家庭共同开展教育，社会参与、监督学校教育，三者之间有机互动”的协同机制。

（二）打造大数据平台服务机制

随着“互联网+”时代的到来，高校学生教育管理的进一步发展需要借助相应的平台来提供有力的支持。首先，建立高校学生教育管理网站是必不可少的；其次，需要充分利用手机、微信、微博等信息传播媒介的独特属性，最大限度地发挥它们的功能，推动高校教育管理的创新和发展。

1. 构建高校学生数据管理系统

建立一个相对完备的学生数据库，可使高校学生教育管理人员快速准确地了解目标学生的实际特征、价值观和心理状态，这也是大数据在高校工作中的重要应用。随着互联网技术的发展，高校可以借助网络技术为自己提供更加全面的服务。高校搭建线上综合服务平台的根本在于完善高校学生数据库，这需要高校综合内外部的数据和信息，克服自身、外部环境以及科学技术方面的障碍，也就是数据使用方面的障碍。为了充分利用学生数据，当前，高校需要积极主动地与政府和相关社会机构进行沟通，坚持将校内和校外的所有学生数据和资源进行有机整合。同时要注重对校园网络的建设，为学生提供一个良好的学习环境，让学校能够利用好现有资源。在高校内部资源整合方面，需要注意整合各个学科和所有行政部门的信息和数据，以打破内部所有部门和教师之间的沟通障碍，避免出现各部门孤立运行、缺乏沟通和对接的情况。在高等教育机构各个分支机构的日常生活中，根据自身从事的工作需求，搜集并储存数据信息，以便进行数据分析。这种工作模式直接导致了不同部门在数据收集方面的差异，每个部门对数据信息的类型和价值都有其独特的需求。只有通过积极促进高校学工处、教务处和图书馆之间的信息融合，以及与后勤部、心理咨询等机构的沟通协作，方能实现内部资源的有机整合，最终建立一个完备的学生教育管理信息体系，将高校的培养信息、教育信息、学籍等档案进行有机整合，从而实现内部资源的高效共享。

2. 构筑在线讨论的信息分享平台

高校可在校内网站上搭建网络共享平台，为高校师生提供多种形式的信息服务。前者对高校建设的发展有着一定的示范性意义，而后者则是将学生放在了核心位置，提供了线上名站名栏，其内容以校园师生的现实生活为主。在高校的网络互动社区中，线上分享平台不仅可以与辅导员微博和教师微博进行单独区域对接，还可以引入校务微博和校园公众号等新媒体，通过图片、文字、音频、视频等多种形式传递校园文化和信息，这些媒介的传播力和渗透力有助于高校将社会价值观和高品位文化注入网络传播中，同时也有利于传统文化和红色经典文化等文化的传播和传承。

高校可以运用“互联网 +”的应用思维，同步学生的线上和线下教育管理。线上教育管理不仅是对线下工作的辅助，更是对高校学生教育管理工作的一次创新。因此，为高校师生建立一个平台，让他们可以进行线上讨论、信息传递和资源共享等活动，这不仅可以实时分享信息和生活，而且为传统高校学生教育管理模式带来了更多的变化和趣味。

3. 完善教育管理制度保障机制

作为现代大学制度的重要内容和组成部分，高校学生教育管理制度的主要作用是对学生的道德和行为进行规范，增强学生的法治观念，在学生的学习生活、心理需要和成长诉求中发挥着引导、教育、服务的作用，它是培养社会合格人才与社会主义接班人的有力保证。

在“互联网 +”的大背景下，高校的教学管理观念发生了巨大变化，必须进一步完善和优化学生教学管理系统，构建一套全新的教学系统，以提高学生教学管理的科学性、针对性和实效性。

（1）制定新的信息网络教育管理制度

随着“互联网 +”时代的到来，高校的边界变得无限模糊。因此，高校学生教育管理必须摆脱校园的束缚，走向社会，甚至跨越国界。为确保学生教育管理新模式的正常运行和发展，学生教育管理组织必须建立一系列科学、有效的信息网络教育管理制度，以确保学生教育管理工作的有章可循、客观公正和科学高效。

（2）对现有教育管理制度进行优化、修订

一是坚持“以生为本”，在高校学生教育管理中，学生扮演着至关重要的角色，他们是教育管理的核心主体，因此，在教育管理制度的优化和修订过程中，要积极引导学生参与，广泛开展听证和讨论；二是高校学生管理制度可分为纵向和横向制度体系，纵向制度主要包括国家、省市教育行政管理部门制定的学生教育管理制度，横向制度主要是指学校层面内部制定的，如学籍管理、宿舍管理、奖惩制度等。在优化和修订学生教育管理制度（横向制度）时，需要注重转变传统高校教育管理制度的“管理性”为“教育性”，并不断探索具有深刻内涵和意义的教育管理制度，既要通过制度约束学生，又要关注和关爱学生，给予学生充分的支持和帮助，以促进学生思想、心理和行为的自我认知。

三、提升基于“互联网 +”的高校学生教育管理队伍专业化水平

高等教育机构的学生教育管理团队是全面贯彻党的思想政治工作的重要力量。2017 年，中共中央、国务院印发的《关于加强和改进新形势下高校思

想政治工作的意见》指出：“高校思想政治工作队伍和党务工作队伍具有教师和管理人员双重身份，要纳入高校人才队伍建设总体规划，形成一支专职为主、专兼结合、数量充足、素质优良的工作力量。”

（一）积极打造网络平台，注重与学生交流互动

随着“互联网+”的发展模式逐步渗透至大学内部，教育管理者得以开拓一条全新的途径，以加强教师与学生之间的沟通与互动。教师可以运用自身的长处，在网络平台上构建自己的课程页面，将自己的教学资料、录像等内容分享到网页上，以便学生随时随地进行学习和交流；同时也可通过网络发布教学视频，供学生在线观看。他们可以构建 QQ 群和微信群，以促进课堂内的互动交流，或者经营个人微博，从而提供更多与学生互动的机会。通过这一系列的行为，他们能够实时了解学生的动态和想法，及时发现问题并提供必要的指导和纠正，从而更好地促进学生的发展。此外，网络平台为高校教育管理工作人员提供了广泛的学习、交流和工作机会，使其能够深入了解学生的生活和情感，并及时为他们提供个性化的建议和解决方案。因此，“互联网+”的兴起为高校师生提供了更为广泛的交流和互动渠道，不仅有助于加强情感沟通，同时也是高校教育管理人员培养个人素养和推进师德建设的主要渠道。

（二）着力网络技术培训，提高用网能力

高校的学生教育管理者应该建立起一个独立的互联网话语架构，利用互联网技术来搭建一个有一定指向性、兼容并蓄的创新系统，让它成为一个信息传播的媒体，实现信息的迅速传播，并以此来规范学生的行为。在一个充满着各种各样思想的网络环境中，高校管理者可以有效地完成自己的职责和任务，并不惧怕舆论的影响，真正掌握主导权和管理权。借助网络技术，整合组织、社团联合会以及其他相关团体的力量，推进网络文化活动的蓬勃发展。

四、优化基于“互联网 +”的高校学生教育管理环境

高等教育中的学生教育管理环境是塑造学生思想道德品质、提升学识水平和综合素质等方面的重要影响因素。高等教育中的学生教育管理环境是由学生在管理过程中直接感知和接触的各种外部条件所构成的，这些条件对于学生思想品格的塑造和发展，以及管理活动和效果的影响，都是不可或缺的。随着“互联网 +”时代的到来，网络的广泛普及和信息的不断渗透，大学的学生教育管理环境变得越来越错综复杂。因此，我们需要从社会、校园、家庭和网络四个方面入手，对影响大学生教育管理的各种环境进行优化，以创造一个公平正义的社会环境、一个干净的校园环境和一个和谐的家庭环境，从而为“互联网 +”下新的大学教育管理模式提供更加优越的环境。

（一）社会环境

1. 社会公平环境

教育公正是社会发展的根本，也是社会发展的重中之重。为此，国家和政府应该对教育与就业等社会重要环节出台相应的政策和措施，优化教育资源分配问题，完善就业机制，从而进一步促进社会公平环境的营造，进而激发学生服务国家、社会、人民的热情。

2. 社会舆论环境

社会各组织团体应当充分发挥主流舆论阵地的作用，始终坚持正确的舆论导向，以积极的宣传为主，深入解读宣传党中央的重大决策部署和工作成效，以及广大人民群众所呈现出的崭新面貌，以客观的态度回应民众所表达的关切。高校是培育社会主义核心价值观的重要阵地，也必须发挥思想政治理论课教学主渠道作用，积极引导年轻学子树立社会主义核心价值观，培养并实践社会主义核心价值观。

（二）校园环境

随着“互联网 +”时代的来临和各种新型网络媒体的迅猛发展，大学的

学生教育与管理工作正在经历着深刻的变革。在这种情况下，大学应该积极主动地适应新常态，努力创造一个良好的校园环境。一是提升校园的基础设施和环境条件，即“硬”环境条件。良好的校园环境不仅可以提高学生的成绩，而且还能使他们的情操得到陶冶。为了改善校园的“硬”环境条件，我们需要精心设计和规划校园建筑与自然景观，打造一个公园式、景区式的校园环境，让学生在其中感受到优美、自然的氛围，从而促进他们的发展。二是加强校园“软”环境建设。学校“软”环境主要是指校园文化、师生关系、师德教育、校园活动，以及校纪校规等。校园的“软”环境是学生教育管理工作中的灵魂所在。

（三）家庭环境

在人的一生中，父母扮演着第一位教师的角色，而家庭则是第一个提供教育和管理环境的场所，对孩子的思想道德观念和行为方式的塑造以及发展产生了深远的影响。在“互联网 +”的背景下，对大学生的教育和管理工作提出了更为苛刻的要求，并针对性地制定应对措施。家庭是孩子成长和发展的第一场所，家长是孩子学习与生活的第一任教师。因此，学校必须重视家校合作，首要任务在于积极营造一种融洽和谐的氛围，以培养学生自信、开朗、乐观、坚强的个性特质。另外，我们应该时刻展现出对学习和生活的热爱之情。家长应该树立终身学习的意识，并积极展现对生活的热爱和追求。学生好的道德品质、思想行为和精神风向，是在良好的家庭环境中形成的，这种影响会逐渐内化为高尚的品质。

第三节 “互联网 +”时代环境下高校学生思想政治教育研究

一、“互联网 +”时代环境下思想政治教育的变革

（一）“互联网 +”时代环境下的思想政治教育

互联网的发展和日益普及，使人们的信息获取方式、交往方式和思维方式都发生了极大的改变。“互联网 +”时代的到来，促使思想政治教育的领域和途径得以拓展。在当今网络社会中，思想政治教育的现代化和网络化已经成为不可避免的趋势，这也是人类全面发展的客观需求。

当前，面对“互联网 +”时代的浪潮，思想政治教育正在面临革新。促进人的全面发展是教育的根本目的，思想政治教育是实现人的全面发展的重要途径，这恰与“互联网 +”时代的“用户至上”思维相一致。

互联网资源化、信息化、数据化、动态化的发展，为思想政治教育带来了更多的创新发展空间和机遇。

互联网的发展为推动思想政治教育改革与创新提供了重要的技术支撑，互联网所传播的信息内容必然与思想政治教育有着密不可分的联系。互联网的多元化信息传递和广泛互联，为思想政治教育注入了更加生动、及时、前沿和贴近生活的内容，为其注入了全新的活力。此外，由于互联网资源涉及广泛、传播迅速，极大地方便了学生跨省市、跨国界的学习与交流，让人们可以通过互联网直接面对不同文化和观点的冲击，一定程度上也极易对人们的思想观念造成影响，改变已有的价值体系。由此可见，一方面，互联网海量的信息和内容不断充实着思想政治教育的资源，另一方面，互联网上各种观点的碰撞、各种思潮的交锋也无形中拓展了思想政治教育的内容。对网络

上的信息资源进行科学、合理的控制，能够对思想教育的内容进行优化，提高受教育者对外部事物的辨别能力，让他们在持续的变化和发展中逐渐成长起来。高校思想政治工作在“互联网 +”时代得到了广泛的拓展和深化。随着人类进入信息时代，网络已成为重要的信息传播工具，它改变了人们的认知方式，拓宽了思想政治教育领域，丰富了思想政治教育的内容和资源，同时也为思想政治教育的方法和途径带来了更广阔的拓展。同时，在“互联网 +”时代，思想政治教育也要顺应这种变革，即“互联互通”“跨界融合”“尊重人性”“强调平等开放”等，开展一次大范围的思想解放活动，改变教育观念，加强对“互联网 +”的理解与运用，充分发掘网络教育的资源与方式，扩大思想政治教育的范围，使其能够与时俱进。

随着信息技术的发展，承载和传递信息的载体越来越多样化。移动通信设备不断侵占其他个人上网设备的使用权。随着移动互联网的迅猛发展，思想政治教育的渠道得到了进一步的拓展，其趣味性和时效性也得到了增强，这使思想政治教育必须紧跟现代科技发展的潮流，灵活运用信息技术丰富思想政治教育教学的方式，让思想政治教育途径变得更加具有吸引力、影响力。现今流行的慕课、微课以及“翻转课堂”等课程，均是信息技术的应用成果，不仅有助于学生自主学习、主动学习和及时交流互动，同时也为教师提供了利用信息平台的大数据获取学生思想状况和学习进展的便利，从而及时有效地解决学生的困惑，进一步推动思想政治教育方式的现代化发展。

（二）“互联网 +”时代环境下思想政治教育思维的转变

高校思想政治教育在“互联网 +”的推动下焕发出勃勃生机，孕育出一种全新的“思想政治教育思维”。在“互联网 + 思想政治教育”中，“思想政治教育”依旧是其核心内容所在。“互联网 + 思想政治教育”就是将互联网作为思想政治工作的载体方法和手段，以提升大学生思想觉悟为目标，实现网络育人功能与传统育人方式有机结合的新模式。

德国思想家恩格斯在探讨现代哲学的根本问题时，曾提出过这样的观点：“我们关于我们周围世界的思想对这个世界本身的关系是怎样的？我们的思维能不能认识现实世界？我们能不能在我们关于现实世界的表象和概念中正确地反映现实？用哲学的语言来说，这个问题叫作思维和存在的同一性问题。”[①]恩格斯的这句话，对马克思的能动反映理论的基本含义进行了阐述。他认为，人的思维是对社会现实及其所处环境的一种客观反映，而“人的思维能否反映社会现实”的问题，则为思想政治教育的发展提出了一种价值取向，即思想政治教育的思维发展要与社会现实相一致。人类的思维方式是由社会存在所决定的，因为它是人类在面对问题和处理问题时所采用的思考模式，而这种模式必然依赖于现实存在的支持。我们都知道，在农耕文明时代，人类逐渐形成了一种“小农意识”，而随着工业文明时代的到来，交通和通信变得更加便捷，人类开始具备了“世界视野”，成为真正的全球性存在，信息时代的来临进一步推动人类文明向更高阶段迈进，人们可以通过网络，实现对全球范围内资源的有效配置，从而为人类提供一种全新的生存方式。随着信息文明时代的到来，人们的社会生活呈现出网络化、信息化和一体化的趋势。尤其是互联网的出现，整个世界都变成了一个“地球村”。而作为提高人们思想政治素养的主要手段的思想政治教育，要想在其学科发展中更好地体现社会现实，从而更好地推动人的自由和全面发展，就必须在思想政治教育的发展中加强网络思维。

互联网思维当然也具有人类思维的共性，离不开概念、判断、推理，也使用分析、归纳、综合演绎，也包含抽象思维、形象思维、直觉思维等。互联网思维也必须从实际出发。互联网思维的萌芽，源于对网络工具和网络技术的深度挖掘，它是人们在社会生活中，对于自身生存和发展的有意识的思考方式。互联网思维的核心在于“以用户为中心”，其主要目的是更好地为大众服务，使每个人都能得到最大限度的满足。这种思维充分重视网络公众平台及其信息资源的共享性，塑造平等交流、民主互动的网络生存空间。网络空间的互联互通和共享共治，为思想政治教育的发展提供了广阔的空间和优秀的载体，这有助于现代人在审视和选择多种价值的过程中，提升自身的思想政治素养。因此，为了推动思想政治教育的发展，我们需要运用互联网思维，

① 田海舰. 马克思主义哲学原理 [M]. 保定：河北大学出版社，2011.

对其发展生态进行网络化的深入思考。在这个开放的环境中，我们必须认识到互联网对思想政治教育的积极影响，同时也需要对互联网带来的严峻挑战进行深入研究。

“互联网+”时代要做好思想政治教育，实现教育的升级转型，就要把思想政治教育和互联网思维结合才能真正做好。互联网思维的核心是用户思维，是深度理解用户、贯彻“用户体验至上”、注重人的价值体现的思维模式。思想政治教育以马克思主义理论和方法为基础，专注于研究人类思想品德的塑造、发展和思想政治教育规律。开展思想政治教育的目的是培育有理想、有道德、有文化、有纪律的社会主义新人，促进人的全面发展。互联网与思想政治教育一个站位于新锐，一个立足于本质。两者既有趋同点，又有差异性。要想在“互联网+”时代进行思想政治教育改革，就需要将两种思维进行融合，既能在思想政治教育的过程中兼顾教学要求和教学质量，又能搭乘“互联网+”的风力，让两者相加大于2，而不是此消彼长。

面对“互联网+”时代的到来，思想政治教育必须与时俱进，积极吸纳互联网思维网状、立体结构和价值传播的优势，确立与时代发展相一致的思维方式，用网络化思考创建网络化教育生态环境，拓展互联网载体，开辟互联网教育路径，创新互联网教育模式，科学回应社会生活信息化、网络化的发展趋势。

一方面，发展思想政治教育的互联网思维，符合环境变化趋势。互联网的发展建构了一个与现实社会相互区别又紧密联系的虚拟世界，青年学生在这个虚拟世界的生存与发展，为实现其全面发展提供了新的活动领域。思想政治教育需要积极应对教育环境带来的影响，学会用互联网的思维优化教育环境，改进教育教学的方式和手段。

另一方面，发展思想政治教育的互联网思维，符合广大青年学生的学习需求。传统思想政治教育的价值传播模式是一种单向的、自上而下的。互联网思维突破了这种模式，构建了一种基于平等交流和民主互动的网络生存环境。在一个虚拟的、平等的、互动的网络环境中，每个人都扮演着信息发布者和精神辐射源的角色，相互交流思想、探讨生活，这一点至关重要。这给广泛的网络参与者带来了全面而深刻的影响，甚至在一定程度上对社会结构和社会关系产生了深远的影响。青年学生是互联网应用的主角，他们不仅是网络价值观的传递者，也是网络价值观的接收者。而互联网所传播的信息与价值理念具有强烈的价值导向性，对广大青年学生有极强的影响力，这正是思想政治教育引进互联网思维的关键所在。因此，在新的时代背景下，为了提高思想政治教育的实际效果，我们必须深入挖掘互联网思维的潜力，注重去中心化的互动交流，建立广泛的社交网络，并持续激发年轻学生的参与感和学习热情，帮助他们在错综复杂的信息和文化中进行筛选，作出自己的判断，并最终付诸实践。

通过运用互联网思维，构建一个多元化、立体化的思想政治教育环境，以促进教育的发展。“万物皆可互联”的特点，使得“互联网 + 思想政治教育”不仅仅是一种“在线教育”，而是对整个教育过程和各个环节都产生更加深远的影响，塑造出一种全新的、充满活力的、充满生机的教育生态。为了促进“互联网 +”思想政治教育的顺利开展，提高思想政治教育的实际效果，我们需要积极拓展多元立体构建和优化教育环境的思维，整合线上与线下、课内与课外、学校与社会等教育资源和手段，从互联网主体的自我改造与自我把握，网络环境的外部约束与管理，以及网络资源的利用与开发等方面，建立健全立体复合的“大思政格局”的育人环境，营造全时空、全覆盖的有效传播的整体氛围。

运用互联网思维，发展高校学生的学习创新思维。互联网将全世界的智慧和知识集中在一个开放共享的大平台上，大幅缩短了人类获取知识的成本，带给人们更为宽广的思维空间，也改变了人们的学习方式。随着人机交互模式、人工智能和游戏化设计等技术的不断革新，人类的学习过程正在经历一场全新的变革，这场变革不仅刺激了人们的学习欲望，还不断提升了他们的学习体验。思想政治教育要顺应“互联网 +”时代人们学习空间的多维变化和学习方式的变革，积极应对互联网发展所带来的信息超载和知识碎片化影响，发展学习创新思维，引导高校学生学会面对海量的信息源正确搜索和选择信息，主动摄取对个体知识建构有价值的信息，有意识地将这些信息与自身原有知识体系进行融合连接，建构个体知识体系，并重视对碎片化知识进行创造性重构，以提高学习质量。

利用互联网思维，促进思想政治教育师生之间平等互动的思维模式的发展。如何确定思想政治教育者与受教育者之间的关系一直是学术界富有争论的话题。有的学者认为，思想政治教育的主体和对象是一个十分清楚的问题。为了提高思想政治教育的质量和效果，必须坚定不移地将重点放在教育者主体身上，让他们深刻认识到，这是自身的责任，需要付出巨大的努力才能实现思想政治教育状况的根本改善。一些学者主张，在思想政治教育的过程中，教育者和受教育者均扮演着积极主动的角色，二者均具备主动教育的能力，因此，都是思想政治教育过程中的核心主体。其实，不论是"主体说"还是"双主体说"，抑或是其他观点，在思想政治教育中，教育者和受教育者均是具有认识和实践能力的人，也是具有理解能力的社会个体，思想政治教育的实施过程不是简单的灌输，而是教育者与受教育者之间相互沟通、讨论，达成"共识真理"的过程。在互联网环境中，网络交往的平等性、虚拟性与互动性，消除了人际交往中地位、行业等的差别和界限，师生在教育关系中的地位是平等的。同时，互联网信息的分享具有强烈的大众参与和自主选择性，充分尊重受教育者个体的独立个性和选择权利，受教育者的地位得到了有力提升。互联网思维要求思想政治教育者不论是在现实社会还是在网络空间中，都要在交互主体彼此信任的基础上，建立师生之间的良性互动。教育者要以一种平和的姿态与教育对象交流沟通，走进他们的心灵深处。

通过运用互联网思维，推动思想政治课程动态重构的思维模式发展。现今的高等教育机构中，学生的思维活跃且充满了对问题的质疑。因此，思想政治理论课要在坚守第一课堂主渠道的基础上，发展课程动态重构思维，强调课程的生成特性，注重高校学生在课程实施过程中主观能动性的发挥，以适应当前互联网没有中心节点网状结构的特性，以及高校学生网络化程度越来越高的趋势，推动高校学生主动建构生成知识经验。

运用互联网思维，发展思想政治教学互动相融思维。高校学生更愿意通过资源共享和互动交流的形式来获取更多的知识。因此，思想政治理论课教学要发展师生互动相融思维，让课堂成为师生交流、互动的重要场所，让教学成为师生共同分享知识、相互促进、相互影响的教与学的过程。

综上，互联网的开放、立体、去中心化的思维，使得思想政治教育摆脱了原有教育思维的框架，逐渐显现出环境开放、学习碎片重构、师生密切互动、课程动态、教学多元等多因素相融转型的态势。所有的变革都围绕促进学生成长、成才这一中心展开，在现实生活与网络空间中，引导他们不断实现自身的自我价值和社会价值。

二、“互联网+”时代思想政治教育环境的变化与提升

（一）思想政治教育环境概述

思想政治教育的外在条件在于其所处的思想政治环境，而这个环境也是思想政治教育不可或缺的组成部分。人们的思想和行为受到思想政治教育环境的深刻影响，这种环境在思想政治教育中扮演着基础性的角色，对教育的进程和效果产生了深远的影响。思想政治教育所处的环境类型繁多，其所包含的内涵也非常丰富。现代教育和思想政治教育环境，二者相互联系，相互作用，呈现鲜明的时代特征。在“互联网+”时代，思想政治教育受环境的影响越来越大。因此，要想开展和推进思想政治教育，建立完善的思想政治教育学科体系，选择和优化思想政治教育的环境势在必行。

1. 思想政治教育环境的内涵

马克思主义认为，人和环境互相作用，有着千丝万缕的联系。人可以改造环境，环境可以创造人。人受环境的熏陶，可以影响人的性格的形成；环境可以人为地改造，人可以按照自己的意志选择环境，利用和改造环境，环境与人是辩证统一的关系。优良的教育环境能以各种健康、积极的因素催人向上，激发人对真、善、美的追求。环境是由周围的各种条件所构成的，其中，自然环境和人文环境是两个不同的维度。对于不同的对象和学科而言，环境所包含的内涵也是千差万别。

思想政治教育所处的环境是由各种外在因素所构成的，这些因素对思想政治教育、人的行为以及思想产生着深远的影响。思想政治教育和其所处的教育环境之间存在着一种相互制约、相互影响的关系。思想政治教育活动的展开受到思想政治教育环境的制约，这种制约对思想政治教育的发展产生了影响，从而对人的思想政治品德的形成和发展产生了影响；思想政治教育在塑造思想政治教育环境方面扮演着至关重要的角色，它的积极作用推动着环境的不断演变和发展。因此，这两者之间存在着相互作用的复杂关系，既包括作用力的作用，也包括反作用力的影响。

关于思想政治教育环境的内涵，我国的学者做过很多的研究，形成了以下四种观点：第一种观点认为，思想政治教育环境其实是受教育对象周围存在的一些客观事实，这些客观事实影响思想政治教育对象思想政治品德的形成；第二种观点认为，思想政治教育环境可分为广义和狭义两类，其中广义指的是思想政治教育对象所处的客观环境，狭义则是指思想政治教育者根据学生的能力、素质和教育目标所设定的一系列外在环境，这些环境是人造的，旨在通过感染和激励来促进思想政治教育对象的能力发展；第三种观点认为，思想政治品德的塑造和思想政治教育活动的开展，都受到外在因素的综合影响，这些因素构成了思想政治教育环境的本质；第四种观点认为思想政治教育的有效性与其所处的环境密不可分，因此，思想政治教育环境应被视为其重要组成部分，是经过思想政治教育活动调控、计划、制造而成的，目的就是保证思想政治教育活动的顺利展开，为其提供良好的环境。除了上面大家认同的这四种观点之外，我国有很多学者从不同的角度切入，研究了思想政治教育环境的内涵，为其赋予了丰富的含义。

高校德育工作环境是思想政治教育系统的重要组成部分，是高校德育工作的主要内容。大学生的思想政治教育过程是由各种外部因素共同作用的结果，其中既有个人的行为，也有个人的思想政治道德，其为大学生的思想政治教育提供了客观依据。从微观上讲，思想政治教育环境的定义可以包含以下几个方面：第一，思想政治教育环境包含了影响思想政治教育的一切外在因素，而外在因素这个说法是非常广泛的，也就是说，影响思想政治教育的外部因素的内容非常宽泛，形式也十分复杂。第二，针对不同时间、不同地点、不同的工作方式、不同的接受对象，思想政治教育的环境要素也是不相同的，即不是环境的一切因素都是思想政治教育的环境要素，只有那些影响教育者与受教育者的思想和行为的因素，只有那些与思想政治教育的目标、内容、方式和进程有关联的因素，才能够成为思想政治教育环境。思想政治教育环境是具体的而不是抽象的，是相对的而不是绝对的，是以时间、地点、条件为转移的。同时，随着社会的不断演进，思想政治教育环境也在不断地演变，因为它是一个不断变化的动态过程。第三，思想政治教育环境和思想政治教育之间存在着一种相互依存、相辅相成的关系，共同构成了一个完整的教育体系。思想政治教育是以人作为主体进行的实践活动，必然受一定的思想政治教育环境所制约。思想政治教育活动的顺利开展与其所处的环境息息相关，因此，创造一个有利于思想政治教育活动开展的环境是至关重要的。思想政治教育同时对环境具有反作用，它通过影响人的思想观念和行为方式来实现对个体心理状态和个性品质的塑造。思想政治教育活动有助于塑造教育者和受教育者的认知、选择、利用和改造环境，从而提升他们的综合素质和能力。

2. 思想政治教育环境的类型

要想更加全面地了解思想政治教育环境，就必须将其分类。但是思想政治教育环境内涵广泛，学术界对其分类也有很多不同的看法。根据其覆盖范围的不同，可将其归为微观、中观和宏观三个层面的环境；根据其性质的不同，我们可以将其归为具有积极影响的环境和具有消极影响的环境两类；社会的物质和精神环境是两个不同的维度，它们共同构成了一个复杂的社会结构。在进行思想政治教育环境的研究时，除了要研究传统的家庭环境、社会环境、工作环境、物质环境、精神环境外，还要研究互联网环境。

综上分析，我们认为按照不同的标准，可将思想政治教育环境分为不同的类型。

第一，根据范围不同，可将思想政治教育环境分为宏观环境、中观环境和微观环境。思想政治教育宏观环境，也称为大环境，是指国内与国际的政治、经济、文化和社会思潮；中观环境是指思想政治教育所处的特定环境，例如，地区环境等；微观环境是指家庭、学校、单位、街道、社区等。

第二，按其组成因素，可将其划分为自然环境与社会环境两类。人类的思想、行为和思想政治教育都受到周围环境的自然物质因素的综合影响，这些因素构成了自然环境。自然环境对人的思想影响是通过人与自然的关系表现出来的。不同的自然环境，会给人们的思想留下不同的烙印，也会对思想政治教育产生不同的影响。社会环境是指环绕在思想政治教育对象周围的社会因素的总和。社会环境不是凭空形成的，是在自然环境的基础上形成的，并不断改变、优化自然环境。

第三，根据思想政治教育环境内容不同，可将其分为政治环境、经济环境和文化环境。政治环境是通过政治制度、政治理论、政策方针等产生影响的。经济环境是通过分配制度、经济发展水平、物质条件占有等方面产生影响的。文化环境则是通过大众传媒、文化产品、文化场馆等发挥作用的。

第四，根据思想政治教育环境的性质不同，可分为顺境、常境和逆境。顺境是指有利于思想政治教育活动开展的环境；常境是指一般环境，既不促进其发展，也不阻碍其发展；逆境是指阻碍思想政治教育发展的因素，指的是一些干扰和阻碍因素。

3. 思想政治教育环境的特征

（1）广泛性

思想政治教育环境是一个大系统，关系着方方面面：从空间上看，有国内的、国外的环境；从性质上看，有物质的、精神的环境，有政治环境、经济环境、文化环境；从时间上看，有历史的、现实的环境。随着时代的进步，思想政治教育的环境将会有更多的类别，它的内容将会更加细致，它在整个思想政治教育过程中所起到的作用也会更加重要。高校作为一个培养人、塑造人和发展人的地方，本身就包含着丰富的文化内涵和人文关怀，是进行思想政治教育的理想场所。

（2）开放性

思想政治教育环境因为没有时间和空间上的限制，所以分类非常复杂。

尤其是进入互联网时代，环境影响因素更是突破了时空概念的限制。思想政治教育不能把人禁锢在一定的时间和空间上，因此，思想政治教育环境是开放的。

（3）可变可创性

可变可创性，即社会环境发生变化并可以进行环境创造。环境对思想政治教育的影响不是固定不变的，而是具有变化的、优化的动态性特点。环境对思想政治教育的影响之所以可变可创，是因为环境自身是可以改造的。

（4）潜移默化性

环境的各种因素都在直接或间接地影响着人们。特别是人们周围的环境因素，总是在向人们发出各种各样的信息，并熏陶、感染人的思想，使人们的情绪、思想及行为习惯，在潜移默化中受到环境的影响而表现出来。

除了上述几个特征，思想政治教育的环境还具有不断变化和错综复杂的特征。

（二）“互联网 +”时代的思想政治教育环境

“互联网 +”技术在教育领域的广泛应用，给我国的教育发展带来了前所未有的机遇，为我国的教育发展提供了强大的技术支持和广阔的平台。随着互联网的发展，从教育、购物、生活、娱乐等各个方面，互联网都已渗透到人们的生活中。有很多大的学习网站的建立，为教育的发展提供了强大的平台。互联网技术在教育各个领域的应用和影响会给我们的教育带来深刻的变革，同时也会改变教育的生态环境。

随着互联网技术的不断发展，思想政治教育与网络技术的融合已经成为我们积极适应新环境的必然选择，而非被动的无奈之举。

“互联网 +”时代的思想政治教育，就是在互联网时代背景下对传统思想政治教育的继承与发展。

1.“互联网 +”时代思想政治教育环境的内涵

网络环境是一种把分散在各地的多台多媒体计算机连接起来，并按照一定的协议进行通信，从而实现软件、硬件和网络信息的共享。在理解这一界定时，要把握几个要点：一是网络是由节点和连线构成的，有诸多对象相互联系，构成了一个相互合作和支持的场所或虚拟的现实空间；二是在网络环境中传递、交流、存储的信息，由上网者提供、享用，即上网者既是网络环境的主体，又是其他上网者的环境因素；三是网络环境要依据某种协议构建并不断丰富和发展，这也保证了网络环境的有序性。

我国的学者对网络思想政治环境进行了诸多的研究，学者李辉从思想政治教育的大环境入手，深入研究了网络虚拟环境对思想政治教育的影响和意义。李辉认为，虚拟环境是一种与现实环境极度相似的仿真环境，也叫作虚拟现实。虚拟的环境包含虚拟的经济环境、虚拟的社会环境、虚拟的社区环境、虚拟的人物关系、虚拟的文化氛围等。在这些虚拟的环境中，虚拟的人物关系、虚拟的社区环境和虚拟的文化氛围与人息息相关。虚拟环境具有虚拟性、开放性、动态性、瞬时性等特点，在李辉的著作《现代思想政治教育学》中，将“虚拟环境”定义为用计算机网络设置的虚拟场景以及体验，它是根据人们的目标，利用计算机程序设置出来的虚拟维度。虚拟环境拓展了思想政治教育的路径，对思想政治教育工作有深远的影响。互联网在思想政治教育方面的应用，形成了思想政治教育的新模式。人们通过互联网模拟现实生活中的场景和人物，同样能够对思想政治教育产生良好的示范作用，改变传统的思想政治教育理念和模式。我国学者吴满意在自己的著作中也深入研究过高校网络思想政治教育的环境问题，他认为，高校的思想政治教育网络环境就是师生通过互联网与计算机所建立的虚拟网络环境，这个网络环境是教职工与学生能够直接接触到的。它对学生和教职工的行为能够产生深远影响，是一种物质和精神的氛围。高校的信息围绕在高校互联网使用对象的周围，对使用对象的行为、思想和道德产生影响。

互联网背景下的思想政治教育，其实是以传统的思想政治教育的法理和逻辑基础为主要思想内涵的。互联网强化了思想政治教育，并且将其复杂化，互联网将传统的思想政治教育阵地和教学方式都进行了继承和发展。互联网的发展对传统的教育模式和教育对象有着深远的影响。网络思想政治教育的核心基础在于其实践活动，这是网络思想政治精髓的源泉。

2.“互联网 +”时代思想政治教育环境的特点

（1）信息量大，具有开放性

随着信息技术的快速发展，人类社会开始进入大数据时代。在这样的背景下，互联网环境信息数量急剧增长，人们的一切行为几乎都以数据的形式被互联网记录、储存和处理。海量信息既给思想政治教育提供了丰富的教育内容，也面临着严峻的挑战。“互联网 +”思想政治教育环境具有开放性，它可以开阔人们的视野，将其放大到全球的范围，同时也可以扩大人们的交际范围，使个人的交往不受地域的限制。互联网让人们的生活更加透明，在互联网环境中，人们已经打破了一些公共的领域和私人的领域，让原本隐性的一些东西，透明地呈现在网民的面前。互联网改变人们传统观念并且进行革新，互联网的环境和范围非常广泛，有一些现实生活中人们注意不到的层面，在互联网中却能引起人们的注意。互联网能够给主流社会发展提供广阔的平台，这就是它的开放性。

（2）延伸和拓展现实社会环境，具有虚拟实在性

网络的虚拟环境其实是一个仿真的现实社会，是对现实社会的反映以及模拟。但是，在某些方面又超越了现实社会中的局限。在互联网环境中，因为具有开放性，所以可以更好地拓展人们的交际。在互联网环境中，有利于人们吐露真情实感，展现个性和能力。互联网消除了空间和时间的障碍。在教育方面，互联网给教育对象提供了大量的教育资源。同时，通过网络的交流，使教育者可以了解教育对象的一些真实动态，能够更好地促进教育对象的发展，从而提升受教育者各方面的能力。虚拟的网络环境要和现实的环境结合起来，相互配合才能拥有最佳的思想政治教育状态。

（3）信息的性质和类型多，具有多样性和复杂性

“互联网 +”思想政治教育环境的信息量不仅爆炸式增长，信息的性质与种类也极其繁多。按照信息的性质划分，有真实信息与虚假信息，有正面信息与负面信息，有积极的信息与消极的信息等；如果按照信息的内容划分，则有政治、经济、文化、社会、生活、娱乐等信息，有历史的与现实的信息，有国内与国外的信息等。因此，“互联网 +”思想政治教育环境具有多样性和复杂性。

（4）信息传递、变化快速，具有影响的广泛性

网络是以现代信息技术为手段，以庞大的网络系统为平台传递信息，这就使得它能够以文字、图片、音频、视频等形式，将海量的信息非常快捷地传递给人们，从而对人们产生广泛的影响。因此，“互联网 +”思想政治教育环境具有影响的广泛性。

（三）“互联网 +”时代思想政治教育环境的优化

目前，以 QQ、微博、微信等为代表的新型社会媒体正以前所未有的速度迅速发展，网络给人们带来了更多的交流与学习的便利。随着信息技术的发展，网络技术已经成为人们进行信息交流、获取知识和表达情绪的主要途径。

随着互联网的发展，在当前的高校生活中，一些比较方便的软件和 App，得到了高校学生的广泛运用。例如，微信、微博、QQ 等交流工具成为高校学生手机中必不可少的软件。这些是高校学生网络生活离不开的一些工具，在为高校学生提供娱乐的同时，也为互联网环境下的思想政治教育工作提供了广泛的路径和平台。QQ 和微信的发展，在一定程度上替代了传统生生之间的交流方式，学生建立了 QQ 群、微信群、活动群等，这使高校的思想政治教育工作有了更好的土壤。现在有很多大学开始利用大数据和云技术发展高校网络思想政治教育。

在互联网飞速发展的今天，高校要非常重视思想政治教育工作。在这项教育过程中，不能只是被动地接受和改变，而是要主动地迎接挑战，根据学校的特点、特质，利用互联网发掘适合本校能够为自己所用的“互联网 +”技术，增强高校思想政治教育工作的效能。

1.“互联网 +”时代思想政治教育环境的优化原则

（1）主体性原则

思想政治教育是德育的教育，教育者是人，教育对象也是人，所以要以人为本。

为了有效开展大学生的思想政治工作，必须激发大学生内在的自我驱动力和自我意识，引导他们发挥创造力和创造力，从而实现身心健康和全面发

展的目标。“互联网 +”思想政治教育环境要适应互联网的平等自主性特点，坚持以人为本的主体性原则，坚持关心人、理解人、尊重人、鼓舞人。高校思想政治工作做好“以人为本”这一点，就会提升思想政治教育工作的效能。一切从学生出发，将学生的精神需求作为网络思想政治教育工作的起点和落脚点，为加强思想政治教育功能打下坚实的基础。

（2）主动建设和创新性原则

“互联网 +”思想政治教育环境是信息技术构建的虚拟空间和虚拟环境。互联网存在的前提要素就是网络信息技术的发展。这是关键的一部分。要想完善网络思想政治教育环境，就要加强对互联网信息技术的应用，让互联网网络技术真正为人们所掌握和使用。高校要主动依靠、积极运用互联网技术，充分发挥互联网技术，让互联网为高校思想政治教育工作服务。更重要的是，高校要把握“互联网 +”思想政治教育环境对人思想形成和发展的影响规律，并在遵循这一规律的基础上，主动地建设和创新优良的育人环境，提倡互联网文明发展。要努力建设一批具有良好网络环境的网上交流平台、网络空间、网络社区、网络游戏等，给互联网思想政治教育工作提供风清气正的环境，使其达到最佳的教育效果。

（3）分类教育的针对性原则

“互联网 +”思想政治教育对象的思想存在差异性，网络思想政治教育工作要根据教育对象的不同特点分层次进行。

为了确保教育目标与教育对象的实际情况和思想相一致，我们需要根据不同层次的对象制定相应的效果和目标，并采用不同的教育方式和方法进行展开。针对每个层次的学生开展不同的思想政治教育实践活动，这就是思想教育活动的针对性原则。坚持分类教育的针对性原则，就是高校要在保证优化“互联网 +”思想政治教育环境的同时，一切从实际出发，有针对性地进行教育活动。

（4）强化积极性原则

“互联网 +”思想政治教育环境的积极影响主要表现有：一是及时为思想政治教育提供丰富、形式多样的信息，使思想政治教育的内容充实鲜活，富有说服力与影响力，并可以在网络上进行分析、比较，吸收思想政治教育的经验，接受新的教育理念和新生事物，保证教育活动取得好的效果；二是提供人际交往的特殊空间，使交流的双方不仅近在咫尺，各自可以看到对方的形象，听到对方的声音，而且还可以根据各自的需要，找合适的对象进行互动，这样，双方可以在短时间内尽情地交流思想、情感；三是有利于培养高校学生开阔视野和创新能力等。充分择优选择众多因素中具有积极影响的因素来开展教育活动和行为，这也是"互联网 +"思想政治教育环境主要的影响作用。

2."互联网 +"时代思想政治教育环境的优化路径

高校要规范网络伦理准则，提高"互联网 +"思想政治教育工作者的道德素养，把握好时代的发展要求，将信息技术与传统的思想政治教育有机融合，提升互联网环境下高校思想政治教育工作的效能。

（1）加强校园"互联网 +"思想政治教育的平台建设

当前，随着我国互联网的发展和网络基础设施的不断完善，网络覆盖、网络使用率得到很大的提升。上网成为人们生活中不可缺少的一部分，同时，互联网成为促进经济发展和社会进步的推动力。校园的网络建设也是互联网发展的一部分，学校的互联网建设也取得了很大的进步。网络平台建设是网络思想政治教育的基础，只有完善高校的网络平台建设，才能为高校网络思想政治教育提供良好的发展环境。优化网络思想政治教育环境必须完善互联网硬件，要积极利用微信、QQ，发挥它们的教育作用，吸引更多的高校学生参与到教育中来，促进思想政治教育的开展。网络思想政治教育要充分利用它的功能，跟上时代的步伐，在学校中为学生提供完善的网络平台。"互联网 +"思想政治教育环境的优化要从思想上树立信息社会的意识。互联网的发展，可以形成环保的生活方式，可以节约资源，提高学习和工作效率。高校也要紧跟时代发展，以互联网技术为依托，开发思想政治教育平台，开发与思想政治教育相关的程序和 App，用于学生的生活、学习和交流。要顺应形势，及时更新网络思想政治教育平台的相关内容，扩大平台涵盖的范围，掌握网络话语主导权。

（2）完善校园主题教育网站教育功能

进入“互联网 +”时代，高校优化“互联网 +”思想政治教育环境就必须完善校园主题教育网站的教育功能。目前，有很多高校成立了自己的教育网站，其中包括思想政治宣传、国家形势政策分析、道德理念树立，以及一些社会实践和红色教育的视频网站等，用以帮助高校学生树立正确的世界观、人生观和价值观。因此，学校的管理者，学校的团委、学生处等组织要充分发挥学生骨干的力量，调动其积极性，建立属于自己的主题网站，在网站上开设论坛，把学生凝聚到一起。首先，每一个校园网站都要有自己的主题和特色，经常更新一些与时俱进的信息，这些信息要具有深刻的思想性，可以起到引导学生的作用。其次，这些主题网站要充分体现学校的办学方针、办学原则，体现学校的学风、校风等，要更接地气地融入学生的生活中，让学生从中找到归属感和亲切感。大学所办的一些主题网站要有正确优良的舆论导向，在网站上弘扬中华传统美德，践行社会主义核心价值观。在开发软件的同时，可以融入一些人性化的功能，使其更具有亲和力和实用性，让网站内容更多地去影响学生，扩大其覆盖面。最后，要用科学的理论武装这个网站，在网站上弘扬时代主旋律。

（3）提高“互联网 +”思想政治教育环境的文明程度

网络在提高人们生活质量、丰富人们生活、促进社会发展方面起到了不可替代的作用。互联网是一个虚拟的世界，所以，网络的一些道德规范是需要人们主动去遵守的，是需要用信念来维持的。网络行为是更加隐性的行为，所以，提高互联网思想政治教育环境，也就是优化互联网思想政治教育环境，具有十分重大的意义。其中，提高网民的个人素质是基本途径。

（4）提高高校网络思想工作者的职业道德素养

随着互联网的发展，在互联网背景下开展高校思想政治教育，对教育者以及思想政治教育工作者的素质要求是非常高的。因此，必须提高高校网络思想工作者的素质，建立培养较高能力素质的教育队伍，加强培训，使他们掌握最先进的教育工具。首先，网络思想政治教育工作者要具有较高的思想政治理论素质，能够把握马克思主义哲学的精髓，树立马克思主义的道德观、价值观。同时，要具有维护马克思主义的觉悟和责任感。其次，高校网络思想教育工作者除了要有较高的理论知识以外，还必须有较强的网络技术水平。网络思想政治教育工作者要能够熟练地运用互联网，发现网络教育中的问题，并且解决问题，充分地利用网络教学方法，使课堂更具吸引力和感染力。最后，网络思想教育工作者要具备从网络上搜集与思想道德教育相关的有用知识和信息的能力，并且将其转化为自己的知识，传递给受教育者。

（5）完善法律法规，科学管理互联网信息资源

我们要完善相关的法律法规，让互联网思想政治教育有法可依。要树立依法行事的作风，让网络教育在法律的保障和约束下进行。高校网络思想政治环境的优化离不开法律的保障和支撑，只有依法治网，才能形成良好的教育环境，完善互联网法律法规显得尤为必要。我们要利用现代化信息的手段提高互联网的管理水平。

第五章　新媒体环境下高校学生管理工作的创新实践

本章主要讲述的是新媒体环境下高校学生管理工作的创新实践，主要从以下两个方面的内容进行具体讲述：新媒体环境下高校学生心理管理工作的创新实践和新媒体环境下的高校学生创新创业管理工作的创新实践。

第一节　新媒体环境下高校学生心理管理工作的创新实践

一、新媒体环境下高校学生网络心理理论概述

在新媒体环境下，高校应将学生网络心理作为研究学生网络心理问题的重点。同时，高校还应对高校学生网络心理进行内涵、特征界定，并以高校学生网络心理内涵为研究切入点展开整体分析，确保最终教育对策的制定合乎发展需求。

（一）高校学生网络心理的内涵

从字面上看，高校学生网络心理研究的内容包括高校学生在网络环境中表现出的心理过程，以及由此引起的行为发生和发展的规律。我国网络技术发展速度迅速，有关网络心理学的理论研究逐渐得到学界的普遍重视。因此，本书将从“网络心理”和“高校学生心理”两个层面出发，通过综合考虑这两个层面的内容及其特征，以此作为界定高校学生网络心理内涵的依据。

从网络心理的角度出发。在对网络心理学概念进行界定时，有学者将网络心理学暂分为广义与狭义两大概念，并得出如下结论：从广义上看，网络心理学是指一切与网络相关的心理学研究；从狭义上看，网络心理学是指探究计算机和计算机网络构成环境下的心理维度，并对虚拟现实中人的行为及暗含的心理过程变化发展规律进行研究。由此可见，网络心理学的研究大致可以分为两个方面。一方面，指个体在网络环境下心理过程变化和发展的研究，也就是网络对于人的心理所产生的作用；另一方面，指依托网络技术，研究虚拟环境与现实环境下反映上网行为的心理学。网络心理学研究范围广泛，它与网络传播心理学、网络发展心理学等学科有相似特点，即都研究互

联网对人的认知、情感、意志、行为、人格、能力、适应性和其他心理特征的影响。而区别之处在于，网络心理学是一门以信息时代为研究语境的、涵盖多学科内容的综合边缘学科。本书通过对上述研究网络心理学的内容与范围进行总结，认为“网络心理是受互联网虚拟数字与多媒体环境的影响，产生的主体心理过程与行为发生、发展特点与规律之和”。

一般情况下，界定高校学生心理概念，通常会先研究心理概念。心理包括心理过程和心理个性，它是由认知、情感和意志三个方面组成的，会受到生活环境及社会实践的影响。同心理学的研究内容相似，高校学生心理研究对象是高校学生，研究内容涵盖高校学生的心理健康与行为、高校学生的认知、情感、意志、人格、能力等各项素质发展情况、高校学生心理咨询与教育的方法途径。

对网络心理概念与高校学生心理健康概念进行探究，归纳出高校学生网络心理的内涵，即“在由网络构成的虚拟数字与多媒体环境下，以及受其影响的真实情境下，高校学生心理过程及其体现的行为发生、发展特点与规律之和”。高校学生网络心理内容具体包括高校学生认知、情绪、人格、意志、交往等诸多层面，如网络科技导致的高校学生认知碎片化现象及其他认知层面的网络心理问题，符号化与标签个性层面的网络心理问题等。

（二）新媒体时代对高校学生网络心理的积极影响

新媒体时代，高校学生校园精神生活不断丰富。当前，我国高校学生群体是互联网科技用户群体的“主力军”，“人手一机”已经成为社会的普遍现象。如果说以往高校学生的精神生活只限于书籍、报纸、电视以及校园活动，那么如今高校学生早已经借助网络跳出这一范围，其精神生活所涉及的范围也早已经伴随着互联网终端的发展而扩大。可见，随着新媒体时代下互联网科技的发展，高校学生的生活变得丰富多彩。

新媒体时代，高校学生获取信息与知识的便捷度得到增强。在新媒体科技不断进步的趋势下，电子技术助推高校学生学习方式发生变革。高校学生不管是碰到何种类型的难题，只要在搜索软件上输入关键字，便可以毫不费力地得到详尽的解答。互联网的本质就是涵盖范围广泛的信息网络，处于其中的高校学生几乎被各种各样的信息所包围，这些信息为高校学生带来更为丰富的知识。因此，新媒体时代的高校学生经常会享受到由各类信息传播、知识更新和获取带来的便利。

新媒体时代，高校学生的社交范围得到广泛的拓展。网络科技工具交替更迭，网络用户群体数量不断增多，交流和互动频率不断提升，交往时间也变得更加灵活。过去，与朋友进行对话需要打开电脑连接网络，而现在，只需轻触手机，人们就可以在任何时间与朋友进行对话。人们之间的网络沟通交往方式也从打字等输入方式，转变为直接进入视频对话、语音对话等，网络沟通交往方式变得更加便捷、更加自由自在。因此，随着新媒体时代的到来，高校学生的交际范围得到了更加广泛的拓展，这也为他们交际能力的提升提供了有力支持。

新媒体时代，高校学生的个性得到了充分展现。由于网络信息传递的内容、速度、范围等都在发生明显改变，因此高校学生对于自我意识和自我价值的认知逐渐呈现出多元化的趋势，他们不断获取和积累知识，自信心不断增强，同时也表现出越来越强烈的欲望。随着新媒体时代的到来，高校学生可以利用网络科技工具展现自我，曝光率得到了前所未有的提升，这为实现自我价值提供了无限可能。因此，在新媒体时代，高校学生的个性得到了最大限度的展现。

新媒体时代，高校教师同样可以更加深入地了解高校学生的心理状态，这为他们提供了更加广阔的认知空间。“微科技”的广泛应用为高校教师提供了更为便捷的途径，以便更好地了解学生的情况。同时，利用各种新媒介技术工具，高校教师可以随时将所看到或听到的学生的情绪和想法及时反馈到网上。高校学生心理健康教育开展方式，不再仅限于教师与学生之间的面对面交流，同时学校也能更加便捷地收集信息、传播信息。此外，随着互联网科技深入高校学生的日常生活中，高校学生倾向于在各种新媒体科技终端上分享内心感受，对网络交流的接纳度也越来越高，这为教师提供了一条新的了解高校学生心理的途径。

二、新媒体环境下高校学生网络心理管理工作的创新实践

（一）提升新媒体时代高校学生网络心理问题教育水平

教育者作为开展高校学生网络心理教育培养工作的主体，肩负着新媒体时代高校学生网络心理问题预防、疏导与教育的任务。教育者心理健康知识水平、网络心理教育能力与高校学生心理健康素质培养质量存在密切关系。

1. 大力普及网络心理健康教育相关知识

在高校学生自身心理健康成长的复杂性与新媒体时代网络环境特殊性的双重作用下，教育者应以更高的要求做好高校学生网络心理健康教育工作。在教育的全过程中，不仅要求教育者具备一些专业心理知识和掌握一些教育方法，还要求其对新媒体时代这一特殊网络环境有足够的认识，并巧妙地运用新媒体科技工具。

掌握普及专业网络心理学的知识与方法。作为新媒体时代的教育工作者，面对高校学生开展网络心理思想政治教育，必须先从专业的网络心理学基础知识与方法出发，掌握防范和解决各种网络心理问题应把握的手段与办法。在向教育者普及网络心理学知识的同时，还要尽可能利用新媒体科技所带来的便捷，创作出各类蕴含心理知识且简单明了的微课和微电影，以增强学生对于这类心理知识的认知程度，从而便于学生在平时的工作当中灵活运用。

运用科学先进的教育理念与方法。新媒体时代，做好高校学生网络心理健康教育工作尤为重要。对此，做好高校学生网络心理教育工作，要使教育者掌握更符合新媒体时代的科学教育理念与方法。此外，在对高校学生展开网络心理教育时，教育者可以利用高校学生惯用的网络交际方式（如微信聊天儿等）进行心理辅导，还可以利用各种新媒体科技软件进行心理问题测验等，这样不仅有助于教育者提升网络心理健康教育工作质量，而且还有助于高校学生进一步接纳网络心理健康教育课程。

了解新媒体科技特征，并掌握新媒体科技使用技巧。在新媒体时代背景下，网络环境特征只有被深刻认识、网络科技手段只有被熟练掌握，教育者

与高校学生之间存在的“科技鸿沟”才有可能被打破，以实现更好的沟通交流，进而完成网络心理问题预防和教育工作目标。而对新媒体时代背景下的网络环境及相关技能进行了解和掌握，应该从高校学生每天都会用到的电子设备以及软件产品开始，教育者也应该理解并且熟悉这类平台的运作方式。例如，研究和运用目前高校学生普遍使用的微博、微信等社交软件，关注和主动参与高校学生经常聚集在一起发表意见的论坛和贴吧。借助这些网络平台，教育者可以了解高校学生的日常动态，以及那些对高校学生产生影响的网络言论。只有这样，教育者在与高校学生进行网络交流互动时，才能了解网络环境下高校学生的心理特征。

2. 努力构建网络心理健康教育管理队伍

（1）积极建立多层次的高校网络心理教育联动工作团队

在新媒体时代，高校网络心理教育联动队伍建设应从网络心理教育的管理、教育和监督着手，并按照校级、院系级、班级构建自上而下全方位联动的教育管理机制。建立校级网络心理健康管理机构，承担学校网络心理健康规则制度制定、人员设置安排和大型网络心理健康活动组织策划等工作。在此基础上，校级管理层要做好学校网络心理健康教育各类网络宣传策划工作，推出适合本校实际的心理健康教育网课、咨询辅导 App。院系级心理教育咨询队伍建设应主要由学院、辅导员、班主任及其他管理人员构成，根据院、系学生专业及人数等具体情况设定，利用学校开发的多种新媒体科技手段，对各类学生网络心理健康活动实施日常管理。班级网络心理监督工作队伍建设应以班长等班干部为主，同时选择该班部分学生作为工作队伍成员，观察学生日常心理健康状况及在各新媒体平台上的动态，定时上报学院。另外，还应及时把学校公布的网络心理健康知识及活动信息，以班级微信群的形式传达给学生。

（2）实现学校、家庭、社会“三方”教育资源共享

实现“三方”教育是指依靠家庭、社会、学校三个层面的教育力量，对高校学生网络心理状况展开日常监管。资源共享即高校学生家长、学校和社会组织不定期地共享学生心理状况信息，当一方需要有关信息时，仅通过登

录网络终端即可得到另一方的协助，达到了网络心理健康教育信息获取及时、简便的目的。

3. 积极开展网络心理健康教育实践活动

新媒体时代的网络心理健康研究与教育是伴随网络科技发展而产生的一个新课题，其教育对象与引导内容非常复杂，需要教育者具备丰富的实践经验。所以，家庭、学校和社会“三方”教育者应该在网络心理教育实践活动中积累网络心理健康教育经验，掌握并创新更加科学高效的网络心理健康教育手段。

将学校作为开展网络心理健康教育课程的中心。但是，这并非是指单纯地开设网络心理健康教育课程，或者在课程中加入网络心理健康知识，而是应该汲取各类网络心理团体教育辅导经验，从开设网络心理教育课程入手，在部分高校学生群体中实施试验式教育，总结高校学生比较认可的教育方法，之后将这些方法逐一推广至各年级网络心理健康教育课程中。同时，将网络心理健康知识和其他学科教育理念结合起来，渗透至其他相关课程之中。高校在开设基于网络心理健康教育思想的课程时，可以采用手机课堂和线上作业等教学模式，这样既能让高校学生学习网络心理健康知识，同时又能带动其他学生重视该课程。渗透网络心理健康教育理念的主要途径，就是教师在其他课程中穿插微电影、图文等内容，让学生了解有关网络心理健康问题的表现及危害，这不仅可以增加课程教学的趣味性，而且还可以向高校学生普及网络心理健康知识。

依托社会力量开展网络心理健康教育调查。在新媒体时代开展网络心理健康调查是除网络心理健康教育课程之外更能直接了解高校学生网络心理健康状况的途径。例如，通过各网络心理健康组织或所属新媒体平台，对高校学生网络心理健康状况开展问卷调查，通过各类网上心理门诊、专家热线及各类社会网络心理咨询与治疗机构，了解高校学生网络心理问题在新媒体时代的种种表现及成因，或者直接参考相关组织机构发表的研究成果，把其方法应用到高校网络心理健康教育中去，以更好地对高校学生进行网络心理问题防治与教育。

将家庭作为辅助推广网络心理健康教育的渠道。研究表明，亲子关系直接影响学生网络心理问题。相较于其他教育者，父母对于高校学生性格和习惯的养成有更深的认识，教育针对性更强。父母在家庭辅助教育过程中应不断加强与高校学生的交往，细心观察高校学生出现的心理变化。借助家庭开展网络心理健康教育，除向学生家长普及高校及社会组织在新媒体时代汇总的各类网络心理健康教育知识与方法，预防高校学生产生网络心理问题，还要借助搭建的网络沟通平台，搜集和反馈各类家庭网络心理教育案例及教育方法。

（二）增强新媒体时代高校学生网络心理问题自我教育能力

新媒体时代，身处虚拟现实生活环境中，高校学生必须具备良好的网络心理素质。德国媒体教育学家迪特·巴克提出网络心理素质概念，他认为当今人们应该具备“媒体素质”能力，即批判能力、知识能力、应用能力和创造能力，并且要学会适应新媒体环境。有学者在“媒体素质”能力的基础上增加了一种新的能力，即心理适应能力。据此可知，身处新媒体网络环境之中，我国高校学生要想获得生理和心理的全面健康发展，应对时代的变革与挑战，就一定要有良好的网络心理素质。

1. 树立高校学生积极的价值观念和心理问题解决态度

新媒体时代，高校学生的自主性日益增强，开展高校学生心理健康教育要从高校学生价值观、道德观以及对网络问题的态度等方面着手，使高校学生具备解决心理问题的能力，这是培养高校学生针对网络心理问题实施自我教育的首要步骤。

帮助高校学生建立积极健康的世界观、人生观和价值观。例如，高校思想政治教育者可以在校内官方微博、微信等平台，将优秀学生作为榜样示范，以真实事例指导学生做好学习和生活计划。或者通过校内各类网络社区、微信群以及其他方式，举办一些学习意义上的参观游览和志愿者活动，并通过这类活动来培养高校学生健康的生活理念。此外，高校思想政治教育者还可以为学生提供包含积极思想的电子书籍、网络影片等，让学生在休闲娱乐之余能够接触到更加健康的文化内容，从而在潜移默化中为学生建立起正确的世界观、人生观和价值观。

引导高校学生养成正确应对心理问题的态度。高校应该引导学生学会理性地看待自己的心理问题，并且要善于用科学有效的方法来解决问题，只有这样才能真正实现学生健康快乐成长的目的。教育者在进行网络心理健康教育时，必须向高校学生传达一种正确的态度。此外，高校也应该建立起相应的学生网络心理危机预警机制，引导高校学生积极主动地寻求心理治疗，如可以通过各种手机、电脑终端向一些心理辅导机构寻求帮助，以解决已经出现的网络心理问题，从而使他们在观念上接受网络心理咨询和教育，为大学校园营造一种积极应对不良心理状态的氛围。

引导高校学生树立积极的网络生活道德伦理观念。通过在各种微媒体和新媒体平台上树立网络道德典范等方式进行宣传教育，推广良好的网络道德观念，不断弘扬传统美德，以培养高校学生辨别是非的能力和正确的网络道德观。

2. 培养高校学生积极的情绪及心理问题自我调节能力

在新媒体时代，为进一步提升高校学生对网络心理问题的自我教育能力，高校网络心理健康教育者应将培养学生的自我调节能力作为重点，即有效地自我调节网络情绪和网络心理问题。

引导高校学生以有效且合理的方式表达和排解负面情绪。因此，在进行网络心理健康教育时，教育者应当时刻留意高校学生的情绪变化，积极引导他们调整心态，以达到心理健康的目的。同时，在教育高校学生的过程中，也应该注重培养良好心态。例如，为高校学生提供适当的挫折教育，引导他们在情绪低落或压抑时采用户外运动、手工制作等方法来排忧解郁。

提升高校学生对基本网络心理问题的调控能力。在新媒体时代，高校学生要想有效发现和调控自身的网络心理问题，除应及时关注自身个性特征、情绪变化外，还应科学认识、及时调控已经出现的网络心理问题，这就要求高校学生掌握基础的网络心理学知识。例如，使高校学生认识到在新媒体科技环境下人们心理活动的发生原理。只有初步掌握了这些知识，高校学生才会及早地发现问题，并主动地采取解决措施。同时，高校学生可以针对已有的网络心理问题，运用心理暗示法、自我倾诉法和各类心理游戏与简易心理自我治疗等方法，调节与控制轻度心理问题。鼓励高校学生针对自身条件作出不同的心理调适，这样既可以增强高校学生对网络心理问题自我教育的能力，又可以增加其自信心，以及对创新心理知识研究的兴趣。

要求高校学生警惕与重视网络心理问题。要想提升高校学生对网络心理问题的警惕与重视程度，高校教育者应该向学生宣传新媒体时代的网络心理知识，促使学生养成正确的解决问题的态度。同时，高校教育者应该紧跟“微生活”潮流，对学生在科技化的生活环境中出现的问题进行总结展示，使学生清楚地了解这些问题的严重程度，从而转变网络心理思想价值观念，形成正确的网络心理。

3. 提高高校学生的网络信息素养和网络法制安全意识

例如，具备分析运用各种“微信息”的信息素养、具备在新媒体环境下维护自身权益的安全意识、具备规范自身行为的法治观念等。具备良好的网络生活素质可以有效确保高校学生健康利用网络，使其能够在虚拟环境下自觉调控自身行为，从而更好地享受网络科技带来的便利。

（1）具备基础的网络信息素养

在新媒体时代，高校学生的基本网络信息素养应以高校学生辨别“微信息”为出发点。高校思想政治教育从业人员在对高校学生开展网络心理健康教育时，应开展网络真假信息辨识能力教育，使其形成面对信息要学会以事实说话并采取冷静和理性的态度。

（2）强化高校学生网络安全意识

新媒体时代下，高校学生网络安全意识培养虽为整个社会应尽之责，但更多的还是要依靠教育者的日常教育灌输。因此，高校网络心理健康教育者应在课堂、班级活动或开会中加入此类知识教育。例如，高校网络心理健康教育者在教育高校学生“微社交”时，不要轻易向网络陌生人泄露真实信息，警惕各类信息询问或莫名邀请；在微博、微信等“微软件”上发表言论、状态及私人照片要合理适度。此外，高校网络心理健康教育者应向学生列举新媒体时代发生的新型网络安全侵害案件，培养学生强烈的网络安全意识和防范网络侵害行为的能力。

（3）建立并更新网络法治观念

在新媒体时代，高校学生建立网络法治观念必须先向学生传授基本法律知识，并从互联网法律常识出发，让学生在实际守法过程中养成知法守法的良好思想。例如，先让高校学生了解与自身息息相关的法律条例，知道哪些看似无意的行为实际上已经触犯了法律。此外，高校网络心理健康教育者应结合新媒体时代的网络环境，向学生宣传讲解现行的法律法规，以正确的生活态度对待网络中存在的不正之风，并通过对新媒体科技导致青少年网络犯罪这一反面典型进行分析，使学生意识到即便是在虚拟环境里，也要对网络违法犯罪给予相应的惩罚及制裁，真正做到用法律来规范自身网络行为，维护自身网络利益。

（三）构建新媒体时代高校学生网络心理发展健康环境

在新媒体时代，为高校学生提供健康的网络心理发展环境，对高校学生网络心理健康教育具有非常重要的作用。构建健康的网络心理发展环境既有助于规范高校学生网络行为，防止高校学生出现网络心理问题，同时还可以借助健康的环境营造思想政治教育氛围，更好地化解高校学生的网络心理问题。

1. 制定网络法律法规，打造文明网络环境

在新媒体时代，随着互联网科技的迅猛发展，加强互联网立法工作已成为当务之急。在此背景下，各大高校都积极投入到互联网法制法规建设之中，并取得不错成效。为了建立一个文明的“微世界”，高校网络心理健康教育者需要在网络管理、传播内容和传播途径三个方面进行完善。

首先，应制定更为严格的网络管理法规。随着我国进入网络“微时代”，互联网成为人们获取信息、交流沟通、休闲娱乐等的重要工具，但同时也给

人们带来诸多挑战。为了加强新媒体时代的互联网络管理，政府必须制定更为严格的网络管理法规。加强政府对新媒体时代中互联网言论和行为的强制管理，需要制定并实施一系列法律条例，以严格筛选和把控各种软件的使用。在管理各种新媒体传播的过程中，政府需要运用先进的新媒体科技手段，不断加强与公众的沟通，并根据网络虚拟环境的发展和人们的需求，对各种虚拟环境进行创新和调整，以适应时代的发展变化。

其次，促进网络传播内容的立法进程，对网络信息进行净化处理。为应对此种形势，我国政府和相关部门应持续加强对各种新媒体传播内容的关注，并尽快颁布强制性的新媒体时代互联网传播内容管理条例，同时加快制定和实施与网络信息在青少年中传播相关的规定和法律，以净化网络信息传播内容、塑造互联网传播的文明风尚，建立一个绿色和谐的新媒体环境，从而促进高校学生网络心理健康发展。

最后，加强对网络传播渠道的立法，以提升网络管理的质量和水平。互联网传播能够促进经济发展、社会进步。互联网信息的传播范围和方向受互联网传播途径的直接影响。近些年来，我国政府陆续颁布了一系列规定，要求各类以互联网为媒介进行营利的场所（如网吧等）对青少年实行限制性开放。与此同时，一些高校还通过设立专门网站或者开展线上活动等方式加强对学生使用新媒体的监管力度。为了提升新媒体传播途径的管理质量，我国亟须对相关法律法规进行进一步的完善和修订，以确保其更高效、更规范地运作。加强对网络传播途径的立法，制定更符合新媒体时代特点的互联网使用管理制度，如对手机、平板电脑等上网方式实施强制实名制管理，并根据各种智能软件内容制定相应的规范性法规，以规范高校学生的上网行为，从而避免他们身心受到伤害。

2. 规范网络传播文化，构造健康校园网络环境

在新媒体时代，为了创造有利于高校学生网络心理健康发展的校园环境，高校教育者需要从网络环境和现实环境两个方面入手，加强对校园网络技术和内容的管理与维护，并通过各种适应新媒体时代的网络心理健康教育现实活动，活跃网络氛围，从而实现网络心理健康教育效果的最大化。

首先，高校教育者需要对校园网技术进行创新。随着新媒体时代的到来，高校学生接触网络的方式变得越来越多元化，这也使学校的教育管理工作与网络的联系日益紧密，不再局限于传统的网络环境控制。在这个时候，高等院校的教育管理者应当转变思维模式，以打造更具吸引力、更高效、更受高校学生欢迎和使用的“微校园”为目标，鼓励高校学生利用校园网络平台参与互联网活动。例如，提升校园网络的无线传输速率和覆盖范围，运用多种智能软件和设备实现校园网络服务和管理。这样不仅可以通过拓宽思想政治教育工作空间和渠道，更好地规范和管理高校学生的网络活动，而且还可以更有效地发挥校园网在媒体宣传和感召力方面的作用。

其次，对校园网进行规范化管理，以确保内容的精准引导和控制。目前，我国高校的网络管理主要是以行政手段为主。因此，在当前的高校学生网络心理教育工作中，教育者需要加强对校园网内容的建设和管理，不仅要对校园网络内容和使用进行监督控制，而且还要积极利用各种新媒体科技、网络传媒手段，并结合当下热门平台的优点，如在学校的官方微博、微信以及校园贴吧内播放包含宣传校园精神的微电影、制作校园文化宣传的手机小游戏等，以此提升校园网络内容质量，主动占领校园网络思想价值观念宣传阵地，让正面和谐、积极向上的声音成为校园网络文化传播的主要内容，形成引导规范和预防的有机统一。

最后，在校园内营造一个充满活力的网络环境，为学生提供一个充满生机的成长空间。为了营造活跃的校园网络氛围，高校教育者需要创造更符合时代潮流的校园网络平台内容，建设高科技的校园上网环境，让校园网络从内到外散发出全新的生机和活力。例如，通过运用多种智能科技，打造一个以科技为核心的校园环境，为校园内的手机平台建设提供强有力的支持。为了促进高校学生对网络心理健康知识的了解，高校教育者需要加强现实校园生活与当下“微生活”的互动，通过各种现实的校园活动与网络健康教育相互呼应，以达到更好的效果，适应不断变化的生活场景。例如，利用课余时间，高校网络心理健康教育者可策划一场针对高校学生的网络心理健康知识话剧演出。将网络心理咨询、网络心理讲座和心理测试融入大学生日常学习之中，使学生能够及时接受来自社会上的信息，并作出自己的判断。举办网络心理健康知识竞赛活动，成立心理社团，发起多样化的网络心理健康活动，向高校学生呈现各种涵盖健康心理知识的微型课程和微电影等，以确保高校学生能够真实参与到网络心理健康教育活动中，激发他们的心理共鸣，营造一个和谐的微校园心理健康教育环境。

3. 管理网络科技应用，营造良好网络家庭环境

以家庭为单位开展网络科技教育。高校学生网络素质教育工作的推进有赖于家庭中网络科技教育工作的开展，在对高校学生进行网络素质教育、安全知识教育及法治观念教育时，父母应主动和其他教育者合作，开展高校学生新媒体科技认知教育工作，使高校学生能够清楚认识当前智能网络科技及其所产生的优势。在这一教育互动过程中，父母发挥着教育高校学生网络科技感知、促进其网络素质提高的作用，同时也能为建立和谐稳定的家庭关系打下基础。

建立家庭网络公约，养成网络使用好习惯。高校学生入学后在自我价值认识、自我时间把控等方面更具自主性，学校教育对其的威慑力不再像中小学。所以，要发挥好家庭对高校学生的约束力，使高校学生在家庭里便养成良好的网络使用习惯，以此为高校网络心理健康教育工作者带来便利。父母可利用假期或在高校学生进校之前，为高校学生设立强制家庭网络公约，来限制其手机及其他电子产品的使用时间，使其能够自行学习怎样合理安排学习、娱乐时间。该方法既可以有效地防止高校学生在入校居住后因居住环境的变换而养成不良的网络习惯，又可以逆转和化解部分高校学生已养成的不良用网习惯及网络心理。

增强网络亲子互动，以促进家庭网络的交流。家长可以通过亲情教育、生命教育及高校学生人格与认知培养教育等方式，有效发挥其在高校学生网络心理健康教育中的作用。此外，家长还可以通过多种网络亲子互动及网络家庭活动来达到与高校学生良好交流、网络心理健康教育及网络心理问题督导等目的。所以，家长要尊重高校学生的日常生活，用自己日常交流中所用到的手段去交流、去互动，用这些网络软件及平台第一时间了解高校学生的

发展情况，采取这种方法最重要的就是家长要在全过程中保持一个正确的态度。

（四）拓宽新媒体时代高校学生网络心理问题教育途径

在新媒体时代所提出的全新挑战下，高校教育者们一直在寻求更科学、更有效的教育方式与途径，力图在新媒体科技的帮助下，达到网络心理健康教育的目的，以抵制网络科技对大学生产生的消极影响。如果互联网科技能得到更合理、更有效的运用，并发挥其在高校学生意识形态中的影响价值，不仅可以为高校学生网络心理健康教育工作的开展带来福音，更能使其成为未来网络思想政治教育强有力的武器。

1. 搭建网络心理知识宣传教育新媒体传播平台

新媒体时代，运用各类新兴网络科技开展高校学生网络心理健康教育工作，离不开各类新媒体平台建设。依靠这些网络平台，一方面能开展各种网络心理健康知识和观念的宣传教育活动，另一方面还能有效地管理各类网络心理健康活动。在构建服务各类网络心理健康知识教育的新媒体平台过程中，政府管理、社会服务与学校教育应协同发力，构建全方位、多体系的“微系统”，为高校学生网络心理健康发展提供有益帮助。

形成社会网络心理服务咨询平台。包括两项任务：一是搭建部分旨在服务新媒体时代高校学生网络心理健康教育的社会网络平台，这些网络平台的内容主要涉及网络心理知识传播和网络心理健康咨询，如收集部分心理专家搭建高校微博、微信心理问题咨询平台等；二是在部分已有一定影响的网站、软件公司的帮助下，整合社会网络心理服务咨询平台，在充分发挥该平台原有的心理健康咨询功能基础上，形成覆盖面大、针对性强的网络心理服务咨询体系。此外，在新开发的社会心理服务平台中借鉴各类商业网站模式与方法，并借助这些网络平台来辐射更多的高校学生用户群。

建立校园网络健康教育指导平台。我国很多高校都设立了专业的网络平台，为此，构建新媒体时代校园网络教育平台，高校教育者要有发散思维，把眼光放远一些，把高校学生参与校园网建设的主体作用发挥到极致，激发其积极性。如把校园网络平台建设范围拓展到微博、微信等高校学生使用率相对较高的热门软件中，在原校园网上开展各类网络心理健康主题网页设计大赛和网络心理健康文明征稿等活动。同时，成立学校官方微博、微信，并在上述平台上推广各类网络心理问题防范与自我疏解知识，开设各类校园网络心理健康公开课。构建更具现实意义的高校网络思想政治教育新媒体平台，提升高校学生对网络心理健康的重视与热情。

2. 健全网络心理档案及动态跟踪新媒体管理机制

通过对各项研究进行总结发现，高校可以从建立心理新媒体档案、完善新媒体管理机制以及建立沟通监督渠道这三点入手，探索健全网络心理健康教育的有效模式。

构建高校学生网络心理健康新媒体档案是有效了解高校学生网络心理健康状况、把握高校学生网络心理健康发展趋势的途径。新媒体时代，构建高校学生网络心理健康档案，应详细了解网络心理档案信息，并进行归类整理，保证档案涵盖高校学生网络心理健康各方面内容。从高校学生入学起，高校就应该记录和保存学生档案信息，做到定期完善更新。在档案资料收集过程中，高校应该合理利用新媒体科技手段，提高档案信息资料收集效率。例如，开发可同时用于电脑、手机等设备的网络心理档案软件，在高校学生办理入学手续过程中，就要求高校学生填写个人心理健康信息资料，以后除每学期要求高校学生更新心理健康信息资料外，网络心理健康教育管理工作者也应通过该软件添加、备注平时搜集的资料。这既方便高校学生了解自身心理健康状况，又方便教育者收集、整理网络心理健康档案。

健全网络心理健康新媒体管理机制。高校不仅要有效组建网络心理健康管理队伍，发挥其应有的科技效益，而且还要增强队伍的繁密性。实现该管理目标，必须从健全网络心理健康管理科技机制入手。使用“微科技”工具健全网络心理健康管理机制，旨在提高互联网科技使用率和利用率。例如，各高校可以专门研发整套智能网络系统，各层级管理者能够通过电子设备随时访问该系统，以此连接高校学生网络心理档案系统。此外，各层级管理者还要把日常工作采集的信息填入网络心理档案系统中，在该系统上监督和评价高校学生网络心理健康状况。同时，在该系统内，不同层级的管理者可以及时查看校内不同层级单位下发的与网络心理健康教育有关的活动通知及日常工作汇报总结等，最高级管理者还可以通过这些资料及时开展网络心理健康教育活动安排与策划，及时了解不同层级单位工作进展情况，评出不同层级工作者的工作情况，增强其工作热情。

开辟心理健康网络教育监督“微渠道”。在新媒体时代，网络心理健康交流工作无须专门生产或搭建网络系统，只是因为此项工作开展注重它的便捷性与接受度。总之，在开辟网络心理健康沟通监督渠道时，应尽量利用高校学生及教育管理工作者比较熟悉的工具与方法，如建立以班为单位的网络心理健康微信群或 QQ 群，网络心理健康讨论吧等。一方面，由于这类软件普及度高、易于实施；另一方面，这种依靠最新科技进行交流的方式也能有效减少高校学生对网络的抵触情绪与防范心理，进而掌握学生上网习惯、掌握学生每日动态等。

3. 成立网络心理问题多方沟通咨询“微社区”

基于完善的网络心理健康教育新媒体平台和网络心理健康教育新媒体管理，“微社区”以社区模式构建了一个集家庭、学校和社会于一体的网络心理健康教育环境，旨在为高校学生提供全方位的心理健康教育。

在集家庭、学校和社会于一体的网络心理健康教育环境下，教育者得以更高效地获取和学习各种网络心理健康知识，同时由该环境形成的网络心理教育功能，也被新媒体科技手段联系和运用，从而形成一个适应新媒体时代发展的高校学生网络心理健康教育网。

建立网络心理健康教育知识普及“微社区”网，以推广相关知识和技能。推广教育者心理健康教育知识，旨在提升教育者在网络环境下的心理健康教育水平，是构建网络心理健康教育“微平台”的理论依据。在构建各种新媒体平台时，应致力于将网络心理健康教育相关知识普及到更广泛的受众中，以此为基础打造社区文化，凝聚社区教育者的教育力量，从而推动教育理念的传播。为了满足高校心理健康教育者的教育服务需求，“微社区”网需要有针对性的知识普及，如设计专门包含家长课堂和家长辅导专栏的手机课堂，以教育家长如何发现和学习网络心理知识和问题，并通过微信、微社区贴吧等微社交方式与该社区内的其他家长、教育者和教育专家进行交流。这样不仅使学生获得更多的信息资源，也为高校开展网络心理咨询提供了一个良好的交流平台。搭建高校学生心理健康教育云端平台，旨在广泛征集社区网络心理健康教育的新理念、新方法和各种实践经验，家长和教育者可以通过手机或电脑直接将这些资料上传和下载至云端。以这些知识网络为基础，逐步丰富和完善我国高校学生的网络心理健康教育工作，为构建网络心理健康教育社区网奠定坚实的基础。

建立“微社区”网，实现网络心理问题的多方监督咨询和联动。从宏观角度来看，网络心理健康教育要想真正发挥其作用，就必须建立起完善的网络心理问题多方咨询服务机制，也就是将家庭、学校和社会三方的网络心理健康教育和监督机制联系起来，由此形成三方互联互通的“微社区”网。此过程需要动员现实中相关社区的力量，招募社区内有心理健康教育相关知识的人组建网络心理健康教育志愿者队伍，如各大医院的心理专科医生和心理学专业的优秀学生。通过运用各种新媒体科技手段，加强单个教育者之间的联系和互动，同时让这些志愿者深入其他教育者无法关注的领域，以此传播网络心理健康教育知识和理念，引起全社会对网络心理健康问题及其教育的高度重视。利用这些“微社区”的力量，促进教育者之间的现实联系和有效沟通。

建立“微社区”网络法律支持援助服务平台，为青少年提供更全面的法律援助服务。在新媒体时代，必须加大对高校学生网络法律知识的普及和网络法律援助力度，以法律支持和援助为切入点，提升高校学生对网络伤害的抵御能力，从而有效预防和遏制网络心理问题的产生和扩散。在各援助“微社区”建立高校学生网络行为法律支持援助服务网站和服务网，通过多种社区 App 和网页发布微广告、微电影等形式，广泛宣传和推广各类法律知识。同时，在社区内建立各类线上法律支持平台，并提供线下网络法律咨询服务，以便高校学生能够轻松地利用各种科技软件了解法律援助的流程，并与相关支持人员建立联系。通过建立法律援助社会“微网”，不仅可以提升我国对新媒体时代网络环境的管理水平，同时也能够为我国青少年网络相关法律的制定提供大量实证资料，从而更好地迎接新媒体时代所带来的挑战。

第二节　新媒体环境下高校学生创新创业管理工作的创新实践

一、新媒体环境下高校学生创新创业概述

（一）关于高校学生创业概念的界定

1. 高校学生创业的界定及其特征

创业的概念可分为广义和狭义两个层面：狭义层面，创业概念是指从零开始，逐步建立起企业；广义层面，创业概念是指优化企业生产、组织和管理结构，实现战略创新、转型升级，以推动企业发展和壮大。通过分析“创业”这一概念，结合高校学生身份特征，本书从狭义层面对高校学生创业概念进行界定，即在校或刚毕业不久（1～2 年）的高校学生，将已有的资源、技术或信息通过商业化的形式转化为财富价值，最终获得收益。高校学生创业通常采用团队合作的方式，而团队成员则通常是彼此熟悉的同学，这是因为高校学生的人际交往活动主要发生在校园环境中。

由于高校学生参与主体的独特性质，因此他们在创业方面备受社会和国家的高度重视。作为拥有较高学历和知识的群体，高校学生已经成为创业强有力的力量。相较于其他群体的创业活动，高校学生在参与创业过程中呈现出其特有的优势。

高校学生在创业意识方面表现出超前的特征。当前，高校学生普遍拥有较高的综合素养，如思维敏捷、批判意识强、抱有进取心理等。

高校学生在创业过程中所具备的技术优势显著。高校学生拥有丰富的知识资源和专业领域背景，是最有可能成为技术创新者的群体之一。高校学生长期积累形成的系统的理论知识、科学的思考习惯和熟练的专业技能，为高

校学生创业提供了相应的理论及技术保障。目前，高科技企业备受瞩目，不少投资者也倾向于为该类企业提供资金支持，科技创业的重要性不言而喻。因此，高校学生可以积极投身于科技创业活动中，在实践中充分展现自身专业特色和技术优势，从而实现自身价值和社会价值的统一。

高校学生更倾向于移动互联网和服务业领域。与 20 世纪 80 年代的个体买卖和 20 世纪 90 年代的“下海”经商不同，如今，高校学生在创业方面拥有更为广泛的选择空间，如新兴的娱乐行业和服务行业。在网络时代，高校学生随着网络的参与而成长。因此，他们对网络充满了亲切感和归属感。由于高校学生群体具有学习能力强、接受新鲜事物快等特点，加之移动互联网行业发展前景广阔，因此多数高校学生便将移动互联网行业作为创业的首选。

服务业具有较为广阔的市场机遇，并且容易吸引广大消费群体，它也成为高校学生创业的首选。服务业不仅包括餐饮、教育等传统服务行业，还包括信息、网络服务等新兴行业。这类新兴行业创业门槛低、风险较小，所需要的投资成本一般也不高，并且有稳定的市场消费群体，由此成为高校学生自主创业的“主战场”。

2. 高校学生创业的主要方式

高校学生创业方式有以下几种：

网络创业。互联网正在快速改变着人类的生活方式和消费方式，赋予高校学生更为丰富的网络资源，为高校学生开展网络创业活动提供资源保障。例如，高校学生可以利用网络在线上宣传与推广产品资源，拓宽产品资源营销范围。通常而言，线上营销方式更加灵活，特别是在知名购物网站（如淘宝、京东等）开设店铺，借助其较为完善的交易模式和较为广阔的消费群体，可以相应节省创业成本。

加盟创业。通过加盟连锁企业，从而取得使用品牌和商标的权利，以及对材料、技术和业务的引导与支持（须支付一定费用）。高校学生在创业过程中不需要自己摸索，就可以用较短的时间获得收益。通常来看，加盟商实际上是与连锁总部共同承担风险和收益，这样就能降低创业者的创业风险。

大赛创业。这类比赛以撰写商业计划书和展示项目为载体，旨在锻炼高校学生创新创业的能力，为表现突出的学生提供创业资金。通过创业大赛，一些由高校学生创办的企业脱颖而出。创业大赛在给高校学生搭建创业平台的同时，也使他们学到创业知识，积累创业经验。

3. 高校学生创业的媒介影响因素

高校学生创业受诸多因素影响，本书着重讨论如下方面：

（1）高校学生自身的能力素质

高校学生在创业过程中需要具备的能力素质有创业意识、创业知识、创业品质、资源整合能力、人际交往能力。主体素质能力对创业活动起统揽全局的作用。在创业活动中，高校学生要时刻做好决策准备工作，哪怕是微小的决策都会影响创业发展的前途和成败。所以，创业者要有解决各类问题的学识和才能，要有不畏惧失败的勇气。虽然技术因素很重要，但是如果执行主体能力不强，那么无论多么优秀的前期准备工作都可能化为乌有。毕竟，即使在同一种产品面前，因主体能力的差异，其效果也不一样。正因为新媒体被广泛使用，它对高校学生个人素质养成的影响也变得越来越大，不管是学习和实践层面还是人际交往层面，新媒体均起到了重要影响。

（2）家庭环境

家庭环境对个体许多行为特征及品行养成有很大影响，在个体创业中具有决定性作用。通常情况下，能否得到家人的支持是高校学生创业者创业之初是否需要重点关注的问题，这是因为创业期间的家人支持，能给高校学生创业者以有力支撑。家庭环境在高校学生创业心理培养中同样具有不容忽视的影响。良好创业心理的形成离不开家人的及时关怀和正确引导，更离不开家庭成员对他们的激励和宽容。而由家庭环境引发的高校学生创业心理问题，已经成为决定高校学生创业成败的关键因素。受家庭环境言传身教的作用，家庭内部媒介环境和家庭成员媒介素养，对于高校学生来说意味着他们对新媒体的认识是否正确。

（3）高校创业教育

高校创业教育作为一种旨在培养高校学生创业思维与创业能力的教育形式，对高校学生由创业意识向创业实践过渡具有重要作用。2002年，创业教育在我国普遍展开，许多高校学生通过创业教育逐渐认识了创业，学会了创业必须具备的各种能力。高质量的创业教育既可以从培养创业意识、强化创业能力及对创业环境的理解和融合上，对高校学生创业进行引导，又可以帮助高校学生完成从想要创业向可以创业再向前往创业的跨越。从比较中可发现，参与创业教育的高校学生在创业行为表现上有着高度认同，即倾向于为个人创业活动作出相对长期和缜密的发展规划。

（4）创业氛围

影响高校学生自主创业的氛围大致可分为两个部分，即社会氛围和校园氛围。一般情况下，若某一区域创业氛围较浓，则该区域在创业政策、创业环境和创业资本提供方面的制度将更加成熟和健全，该区域内创业群体将随之增加，因此，对于高校学生群体投身创业活动的示范带动效果更强，高校学生创业意愿普遍更强。校园氛围作为大学校园文化中的一个重要部分，同样是高校学生创业的主要影响因素。这是因为：校园氛围对高校学生创业教育开展有促进与载体功能；校园氛围对创业型人才培养具有启蒙开化、优化发展和文化传承作用；校园创业氛围能够帮助高校学生创业寻找认同感及归属感，进而对创业活动产生自信和热情。对高校学生创业来说，校园氛围与社会氛围并重，而以开放共享和交互便利为主要特征的新媒体平台，又为他们提供了全新的培育环境。

（二）关于新媒体与高校学生创新创业的关系

1. 新媒体已成为高校学生创新创业的媒介影响因素

在网络技术与传播技术日益发达的今天，新媒体正逐渐成为信息传播的重要手段，而应用新媒体最积极、最广泛的当属高校学生这一庞大群体。新媒体具有传播内容丰富多元、信息交流快捷方便等特点，已经成为高校学生群体接受各类信息的首要选择，并成为高校学生开展创业活动的中介载体。

在传统的认知里，媒介携带的信息资讯最值得重视，而受众通常热衷于探讨的话题正是媒介传播的信息资讯。麦克卢汉曾经对媒介和信息之间的关系展开分析，认为“媒介即讯息”，这意味着媒介不仅是传播信息的手段，而且媒介本身就是信息。即使相同的信息通过不同媒介进行传递，也会获得不同的传播效果。因此，“媒介加上其所传播的信息”就是我们获取的信息。可以看出，麦克卢汉是将“媒介承载的信息内容”视为“引起社会变化”的主要推动力，媒介自身的生存状况对人认识世界、改造世界的方式产生影响。如今，“互联网改变生活”“围观改变中国”等宣传标语，就能反映“媒介 + 信息”对社会产生的影响。根据麦克卢汉等学者提出的观点，本书认为新媒体不仅能为高校学生创业提供信息传播与交流，而且对高校学生主体的认知行为也有影响，新媒体已经成为高校学生创业过程中的重要影响要素。

2. 新媒体对高校学生创新创业的积极影响

传播技术的发展与移动终端的普及，使所有人都处在一个人人平等的自媒体环境中。新媒体消费群体不断壮大，新媒体在各个方面给人们带来的影响日益显现，具有鲜明的时代特征。在新媒体蓬勃发展和创业呼声不断的背景下，高校学生作为实践主体，其创业活动也引起了人们的广泛关注。因为新媒体在功能上具有实用性，所以它在高校学生创业中发挥了积极作用。

在信息技术出现以前，技术是人与自然的中介（即“人—技术—自然”），而信息技术则改变了这种局面，主要有以下几点原因：第一，信息技术成为除人与自然之间外人与人之间的媒介；第二，信息技术成为观察工具时将会被纳入主体或客体中，此时“人—技术—自然”便转化为“人—技术—人”或“人—技术—自然”的关系；第三，信息技术将完全渗透到人类物质与意识的存在中去。以信息技术为媒介的形式变化，使信息技术所产生的效应变得错综复杂，这一变化很可能使技术带有某种特定目的，而人类则充当开发与应用技术的“工具”或“手段”。人类的终极目标就是推动科技的发展与进步，而以信息技术为支撑的新媒体，将会给高校学生创业造成怎样的冲击，这就要求教育者要有一个全面综合的思考，唯有如此，才能够实现新媒体在高校中的高效应用，才能够建设一个有利于高校学生自主创业的新媒体环境。

二、基于高校学生创新创业的新媒体建设创新管理实践对策

通过考虑新媒体对高校学生创业所带来的错综复杂的影响不难发现，在高校学生创业过程中，新媒体扮演着不可或缺的角色，而其中的影响因素则更是错综复杂的。因此，为了最大限度地发挥新媒体的积极作用，必须对各种影响因素进行综合分析，并与不同参与主体共同合作，这是不可或缺的路径。因此，新媒体的建设和管理同样需要社会制度的不断完善。高校学生创业是一项以学生为主体的实践活动，高校肩负着向学生传授知识和道德教育的责任，创造一个有利于高校学生创业的新媒体环境，需要高校积极参与其中。通过对新媒体和高校学生创业进行综合分析可以得出：新媒体建设管理需要不同的参与主体。

（一）完善高校创新创业教育，优化校园新媒体平台

高校作为学生群体活动的主要场所，无论从教育开展还是思想引领等方面来看，其实施优势均十分明显。所以，要想构建一个有利于高校学生创业的校园新媒体环境，高校应该从专业教师培训、新媒体平台优化和创业教育改进三个层面进行思考。

新媒体技术是一种不断革新的技术，专业人士的参与是强化其管理的关键。然而这一过程并不是一蹴而就的，高校一方面可以通过专职、兼职以及挂职教师相结合的方式循序渐进地改善教师队伍，另一方面还可以通过优秀创业指导课程的学习引进来提高指导教师的专业水平。同时在创业指导教师的培养中，一套适用的评价激励体系也是必需的，这样才能从制度上为创业指导教师的专业身份、地位、发展方向以及专业技术职称评聘等提供保障。

高校学生群体对新媒体平台的需求逐渐向个性化和多元化转变。在培养高校学生认知思维和知识理论等方面，校园新媒体平台扮演着不可或缺的“新阵地”角色，特别是对于高校学生创业者而言，校园新媒体更是扮演着促进创业思维养成和协助创业实践开展的角色。为了最大限度地利用高校新媒体平台的教育和宣传优势，推动高校新媒体平台的进一步优化，高校在发布和

更新信息内容时必须注重思想性、知识性和实用性，以满足不同学生群体的选择需求。同时，高校应该通过搭建各种交流平台来强化新媒体的社会功能，使之成为大学生创新创业活动中不可或缺的重要载体。为了提升新媒体平台在高校学生创业群体中的吸引力和影响力，高校可以在新媒体平台中引入校外知名企业家和高校学生创业成功者，提供集中咨询和解答服务，满足具有创业意愿或正在创业的高校学生的学习和浏览需求。

此外，高校在优化和完善各种新媒体平台时，应当特别强调学生群体的媒介素养，即在使用新媒体时遵守伦理道德规范，并对新媒体信息进行准确的评估。高校针对信息传播内容需要进行严格的筛选和把控，以不断提升各类新媒体平台的积极影响力。同时，高校学生群体也应该做到自律，提高自身网络伦理素养，并形成对新媒体的清晰认知。

高校学生创业教育内容主要涉及创业知识和创业实践两部分，高校学生创业教育具有塑造学生创业思维模式和行为特质的功能。因此，为了吸引处于不同阶段的创业者和未创业的高校学生广泛参与，高校创业教育者需要在课程设置和开展形式上采取多样化途径，以提高参与群体的创业综合素质。此外，引入先进的创业教育体系也是一种行之有效的解决方案。例如，KAB创业教育体系。该体系由国际劳工组织开发，主要采用参与式、体验式教学形式，旨在激发学生的学习潜能和培养学生的创新能力，因此，在绝大多数高校备受欢迎。高校学生创业教育是一项涉及多个方面的系统性工程，高校必须以发展为出发点，以培养综合型人才为目标，深刻认识这项工作的重要性和紧迫性。在实施素质教育工程的过程中，高校应当遵循普遍教育规律，推进创业教育规范实施，同时关注高校学生创业群体的多样性，以促进不同个体实现共同进步。

（二）社会参与，构建和谐新媒体环境

从社会发展这一宏观过程看，社会制度与社会规范始终是人民群众正常进行生产劳动所需要的保证力量，并对人民群众的社会生活与社会交往具有一定的指导作用。

然而，随着新媒体的出现，人们的社会交往形式逐渐向依靠信息技术的“拟态交往”形式发展，这种“拟态交往”形式是对现实社会交往活动的模拟，由此为人类构建轻松自由的线上交往平台。为此，建设规范和谐的新媒体环境，亟须社会治理参与其中，以确保社会治理不断发挥优势，方便人民群众的生产和生活。

科技只存在于特定的应用情境中，一种新科技的产生仅仅是给人类开启一扇大门，并不会强制人类进入其中，它的存在意义究竟能发展到何种程度，部分取决于时代的社会状况。所以，针对高校学生创业的新媒体环境建设，一定的社会参与是十分必要的。

有效的社会参与也就意味着对社会治理进行及时跟踪，做到未雨绸缪。相较于传统社会环境下的创业活动，新媒体环境下的高校学生创业活动具有鲜明的变化，即表现出信息开放和交往自由的特点。与稳定的社会治理相比，新媒体技术每时每刻都在创新。稳定的社会参与机制的形成，对新媒体环境长期高效建设具有重要意义，而对新媒体环境下的高校学生创业来说，有效的保障与引导社会参与，则是推动创业活动得以正常进行的关键所在。

三、利用新媒体手段进行高校学生创新创业指导

（一）设计 App 软件进行创业

App 在英文中的全称是 Application，在中文中代指应用软件。最初，App 仅仅是以第三方应用合作方式介入互联网商业活动，如淘宝、京东、新浪微博等。随着智能手机的推广应用，人们渐渐习惯使用 App 客户端访问网络。这些 App 在第三方应用平台的帮助下，通过积累网络受众群以获取流量、实现利润。

随着互联网日益开放，App 和传统实体商店的关系日益密切，并产生 O2O 这种新型营利模式。该模式是将线下商务机会与互联网平台结合，使互联网变成线下交易平台。比如，消费者在家通过大众点评 App 客户端购买电影票、线上选择座位，然后完成在线支付，等到 App 向手机推送购买凭证二

维码，消费者凭二维码即可到影院自助终端设备扫码取票，进入影院放映厅。这种线上与线下完美融合的模式，不但能让影院提高工作效率和节约成本，而且还能改变人们固有的消费习惯。

不管是传统意义上的流量营利模式，还是当今新兴的O2O模式，App都蕴藏着无可比拟的潜力和值得期待的未来。高校学生使用App进行创业的门槛较低，以打造高质量App来获得创业机会，正好是为有才华的高校学生提供一个展现自我、实现抱负的平台。

（二）建立创业园地共享平台

随着现代科学技术日益更新和发展，新媒体这一新兴技术给高校学生的就业带来了新的机会。高校学生成了主动就业者，并通过自主创业化消极就业为积极就业。

创业能够减缓高校学生就业压力，拓宽高校指导学生就业路径。高校一方面要关注学生传统的就业渠道，另一方面也要紧跟时代发展的脚步，引导学生利用新媒体平台实现自主创业。在进行就业指导工作时，高校教育者应该不断更新与改变学生的被动就业观念，激发学生的创新意识。总之，“通过创新带动创业、通过创业促进就业”应成为每个高校就业指导人员考虑的问题，应满足时代发展的需要。

高校作为高校学生群体初入社会的跳板，应率先建立并逐步健全高校学生创业发展链，具体可从以下三个方面着手解决：第一，各高校要通过主要新媒体平台向学生推送与创业有关的资讯，如创业项目、创业意向合作人和校园创业群等，在此基础上建立创业资讯互动平台，根据学生问题咨询关注并了解高校学生的创业意向及动态；第二，补充历届学生相关创业信息，与国内外院校保持创业资讯沟通联系，搭建省级高校学生自主创业资讯共享平台，为高校学生选择创业方向和创业方式提供科学的数据资料，引导高校学生在滚滚创业大潮中更好地把握机会；第三，各高校要努力关注和加强创业园地建设，一方面，学生在校内创新创业园地从事初期创业工作时，可以接受学校的创业氛围熏陶，形成创业思维，提升整体创业素质，另一方面，通过搭建创业园地平台，可以促使高校和高校、高校和企业形成良性循环的资源共享模式，方便高校学生找寻创业基地，充分发挥互联网新媒体对资源进行合理优化与分配的功能。

参 考 文 献

[1] 聂娟. 高校学生管理的艺术 [M]. 长春：吉林出版集团股份有限公司，2022.

[2] 黎海楠，余封亮. 高校学生管理与和谐校园 [M]. 长春：吉林出版集团股份有限公司，2019.

[3] 刘青春. 信息时代高校学生管理模式的转变及创新 [M]. 沈阳：辽宁大学出版社，2021.

[4] 刘燧. 新时代地方高校学生管理与辅导员工作创新研究 [M]. 长春：吉林大学出版社，2021.

[5] 王金祥. 高校学生管理工作研究 [M]. 沈阳：辽宁大学出版社，2012.

[6] 张家莉. 法治理念下的高校学生教育管理创新 [M]. 北京：九州出版社，2018.

[7] 漆小萍. 中国高校学生事务管理 [M]. 广州：中山大学出版社，2011.

[8] 王燕芳. 多元视阈下的高校学生事务管理 [M]. 广州：中山大学出版社，2013.

[9] 万敏，罗先凤，王利梅，等. 新时代高校学生管理能力培养与提升 [M]. 长春：吉林大学出版社有限责任公司，2021.

[10] 赵明吉，刘志岫. 高校学生管理工作研究 [M]. 济南：山东大学出版社，2007.

[11] 刘文静. “以人为本”的高校学生管理机制建立研究 [J]. 吉林农业科技学院学报，2023，32（2）：43–46，63.

[12] 张婷．人才培养质量提升视野下的高校学生管理思考 [J]．人才资源开发，2023（7）：74–76.

[13] 喻娟娟．“互联网 +”视域下高校学生管理探究 [J]．公关世界，2023（4）：47–49.

[14] 蒋芸芸．互联网时代高校学生管理面临的困境及对策 [J]．国际公关，2023（3）：143–145.

[15] 陈辰，于英明．移动互联网视域下高校学生管理信息化建设的意义及策略 [J]．华东科技，2023（2）：134–136.

[16] 李颖．基于思政教育模式高校学生管理水平的提升研究 [J]．江西电力职业技术学院学报，2022，35（12）：23–25.

[17] 张博心，陈婷，杨梦瑶．高校学生管理与思政教育工作的融合发展思考 [J]．经济师，2022（12）：180–181.

[18] 黄凌芳．高校学生管理与思政教育工作融合发展的探索 [J]．经济师，2022（12）：224–225.

[19] 贺建民，谷溪．新媒体时代高校学生管理与思政教育 [J]．中国报业，2022（22）：126–128.

[20] 乔春梅．新时代高校学生管理与思想政治教育耦合机制研究 [J]．行政科学论坛，2022，9（11）：48–51.

[21] 李昕照．网络社群视域下高校学生管理模式变革研究 [D]．上海：华东师范大学，2021.

[22] 张莉莉．马克思人本思想在高校学生管理中的运用探究 [D]．重庆：重庆交通大学，2019.

[23] 裴纪平．新时代高校学生管理法治化问题研究 [D]．南京：东南大学，2019.

[24] 刘庆. 高校学生管理中存在的问题与应对策略研究 [D]. 南京：东南大学，2019.

[25] 尹红婷. 自媒体时代高校学生管理法治化研究 [D]. 南京：南京师范大学，2018.

[26] 陈心月. 自媒体对高校学生管理工作的影响及对策研究 [D]. 南京：东南大学，2018.

[27] 张丰韬. 基于人本化取向的高校学生管理制度创新研究 [D]. 西安：长安大学，2015.

[28] 王晓君. 信息化背景下高校学生管理工作研究 [D]. 昆明：昆明理工大学，2015.

[29] 赵蕾. 立德树人理念下高校学生管理工作研究 [D]. 大庆：东北石油大学，2014.

[30] 周扬凯. 以人为本的高校学生管理工作研究 [D]. 太原：中北大学，2014.